Guide to Correspondence in German

Korrespondenzführer auf deutsch

D1309952

Charles J. James

Guide to Correspondence in German

a practical guide
to social and commercial
correspondence

Korrespondenzführer auf deutsch

Printed on recyclable paper

PASSPORT BOOKS
a division of *NTC Publishing Group*
Lincolnwood, Illinois USA

INHALTSVERZEICHNIS

PREFACE

Guide to Correspondence in German provides guidelines on how to write letters in German, professional as well as personal.

As the world expands its commercial and social ties with German-speaking countries, and as the German-speaking world undergoes considerable change at the political, economic, and human levels, it becomes essential to learn how to correspond in German. There are cultural differences in letter-writing that cannot be ignored. Native German-speakers, although usually aware of the conventions of the English-speaking world, respond favorably to those who demonstrate an acceptance of their written as well as spoken culture.

Guide to Correspondence in German is a convenient handbook that gives detailed instruction on writing the most frequently used types of letters. The many model letters presented are clearly identified by category, so that little time is wasted in searching for examples. In addition, *Guide to Correspondence in German* provides descriptions of the parts of a letter, explains the rules for German capitalization and punctuation, and presents the phrases, expressions, and abbreviations most commonly used in both commercial and social correspondence. At the end of each section, *Guide to Correspondence in German* provides the reader with a glossary and exercises for practicing the different types of letters. The German–English, English–German dictionary at the end of the Guide contains not only vocabulary and expressions used in the book, but is also a handy reference for all manner of letter writing.

The conventions governing the writing of letters change with the evolution of the language. *Guide to Correspondence in German* stresses current modern usage, while presenting more traditional usage as appropriate. Because a handbook cannot cover every aspect of the language, the user is encouraged to supplement this book with a German–English dictionary, such as the *Klett's Modern German and English Dictionary,* a monolingual German dictionary such as Wahrig *Wörterbuch der deutschen Sprache,* and a reference grammar, such as *German Verbs and Essentials of Grammar,* as sources for additional vocabulary, structures, and stylistic expressions current in German.

Bemerkungen zum deutschen Brief

Jeder Brief sollte klar und deutlich, höflich und möglichst kurz abgefaßt sein—ganz gleich ob er privaten oder beruflichen Zwecken dient. Deutschsprachige Briefe kommen Amerikanern dagegen oft steif, umständlich und übermäßig formell vor. Das heißt nicht unbedingt, daß Briefeschreiber aus Deutschland, Österreich oder der Schweiz keinen Witz oder Charme hätten. Es zeigt aber, daß man sich im deutschsprachigen Raum in Briefen eines eher gehobenen Stiles bedient. Für Privat- wie für Geschäftsbriefe gelten Konventionen, die vom täglichen Sprachgebrauch abweichen. Das Handbuch des Briefwechsels im Deutschen soll Sie mit diesen Konventionen vertraut machen und Ihnen den Umgang mit deutschen Schriftstücken jeder Art erleichtern. Es soll Ihnen außerdem Gelegenheit und Anleitung geben, typisch deutsche Briefe zu lesen und zu schreiben. Dabei wünschen wir Ihnen viel Spaß und viel Erfolg!

In dieser Ausgabe benutzte Abkürzungen

A = Akkusativ

D = Dativ

G = Genitiv

s.b. = somebody

s.o. = someone

s.th. = something

k.P. = kein Plural

Besonderheiten zur Zeichensetzung und Rechtschreibung im Deutschen

Die Zeichensetzung (Satzzeichen)

Die deutsche Sprache hat dieselben Satzzeichen wie die englische. Es gibt aber wichtige Unterschiede in der Zeichensetzung. Die am häufigsten anzutreffenden Unterschiede werden im folgenden beschrieben.

Der Punkt .

Wie im Englischen steht der Punkt am Ende eines Aussagesatzes und in Abkürzungen. Er steht aber auch immer hinter einer Ordinalzahl, wenn diese als Ziffer (also nicht als Wort) erscheint, wie z.B.

> *der 1. Januar, am 12. November, heute haben wir den 30. 10.*

Das Komma ,

Das Komma wird benutzt, um die Satzglieder eines Satzes voneinander zu trennen und um Hauptsätze von Nebensätzen zu trennen. In einem Brief kommt das Komma gleich nach der Anrede, wie z.B.

> *Sehr geehrte Damen und Herren,*

Anmerkung: Es ist im Deutschen nicht üblich, die Anrede mit einem Doppelpunkt (:) zu beenden, wie dies im (Amerikanischen) Englischen oft der Fall ist. Ein Komma genügt.

Das Fragezeichen ?

Es gibt keine bedeutenden Unterschiede in der Verwendung des Fragezeichens im Englischen und Deutschen.

1

Das Ausrufezeichen   !

Oft wird ein Ausrufezeichen nach der Anrede im Brief gesetzt, obwohl dies heutzutage nicht mehr notwendig ist, wie z.B.

Sehr geehrter Herr Prof. Dr. Schmidt!

Die Klammer(n)   ( )   [ ]   { }

Klammern werden im Deutschen wie im Englischen benutzt. Es sind drei Sorten: Runde Klammern ( ), eckige Klammern [ ] und spitze Klammern { }. Wenn man einen Text laut vorliest, spricht man „Klammer auf" bei ([{ und „Klammer zu" bei)] }.

Die Anführungszeichen   „   "

Umgangssprachlich auch *„Gänsefüßchen"* genannt, setzt man Anführungszeichen, um ein Zitat einzuschließen. Das Anführungszeichen „ steht vor dem Zitat und das Schlußzeichen " nach dem Zitat. In Briefen, die mit der Schreibmaschine oder dem Computer geschrieben sind, ist es erlaubt " vor und nach dem Zitat zu setzen. Wenn man einen Text laut vorliest, spricht man „Zitat Anfang" bei „ und „Zitat Ende" bei ".

Anmerkung: Man setzt andere Zeichen, wie etwa das Komma, den Punkt, das Ausrufezeichen und das Fragezeichen außerhalb der Anführungsstriche, wenn diese nicht unmittelbar zum Zitat gehören, wie z.B.

Was meinen Sie mit der Phrase „mach' schnell!"?

Der Strich: Der Bindestrich   -   der Gedankenstrich   —
der Schrägstrich   /

Mit Ausnahme des Gedankenstrichs hört man das Wort „Strich" wahlweise auch für den Bindestrich und den Schrägstrich, je nach Kontext. Autonummern liest man also folgendermaßen laut vor: *ER-P 378 (E-R-Strich-P-dreihundertachtundsiebzig).* Man benutzt den Bindestrich für die Silbentrennung am Ende einer gedruckten Zeile und bei zusammengesetzten Wörtern, wenn man ein überlanges Wort vermeiden möchte, wie z.B.

eine Einfamilienhauslebensversicherung =
eine Einfamilienhaus-Lebensversicherung

Das Semikolon (der Strichpunkt)   ;

Wie im Englischen wird das Semikolon (auch Strichpunkt genannt) auch im Deutschen häufig falsch benutzt oder einfach zu oft benutzt. Es gibt aber keine wesentlichen Unterschiede in der Benutzung des Semikolons im Deutschen.

Der Doppelpunkt :

Den Doppelpunkt setzt man wie im Englischen vor einer Aufzählung sowie vor einem längeren Zitat.

Die Rechtschreibung

Groß- und Kleinschreibung

a. Im Deutschen werden alle Hauptwörter (Substantive) sowie Eigennamen groß geschrieben. Bei Hauptwörtern geht ein Geschlechtswort (Artikel) voran. Beispiele: *der Abend, die Nacht, das Jahr.* Umstandswörter (Adverbien), auch wenn sie von Substantiven abgeleitet werden, werden immer klein geschrieben. Beispiele: *abends, nächtlich, jährlich.*

b. Eigenschaftswörter (Adjektive) werden fast immer klein geschrieben, auch wenn diese von Hauptwörtern abgeleitet sind. Beispiele: *der Franzose/die Französin/Frankreich,* aber: *französisch; der Katholik/die Katholikin/der Katholizismus,* aber: *katholisch.* Sollte ein Adjektiv aber Teil eines Titels oder Namens sein, so wird dieser groß geschrieben. Beispiele: *die Bayrische Vereinsbank, der Rheinische Merkur, das Britische Parlament, die Französische Revolution.*

c. Die große Ausnahme im Bereich der Großschreibung sind Adjektive, die von Orts- und Ländernamen abgeleitet sind und die auf „er" enden: *München: das Münchner Rathaus; Leipzig: die Leipziger Messe; Erlangen: das Erlanger Tagblatt; Dresden: die Dresdner Bank.*

d. Adjektive, die ohne nachfolgendes Substantiv stehen, werden groß geschrieben, wenn jene als Satzobjekt dienen. Dies gilt vor allem für Adjektive, die eine allgemeine oder abstrakte Bedeutung haben. Beispiele: *das Gute, das Beste, mein Bestes, das Schönste, das Besondere, nichts Besonderes, etwas Nützliches, das Wichtigste.*

e. Die Pronomen „du" (wie auch „dich", „dir", „dein(e)" usw.) und „ihr" (wie auch „euch", „euer", „eure" usw.) werden in Briefen großgeschrieben, also „Du", „Dich", „Dir" und „Dein(e)"; „Ihr", „Euch" und „Euer/Eure." Sagt man „Ich liebe dich" so schreibt man (etwa in einem Liebesbrief) „*Ich liebe Dich.*" Sagt man „*Wir gratulieren euch zu eurer Hochzeit*" so schreibt man (etwa in einer Glückwunschkarte) „*Wir gratulieren Euch zu Eurer Hochzeit.*" „*Sie*" und „*Ihre*" werden, wenn es sich nicht um die dritte Person Singular/Plural („*sie ist eine schöne Frau*" „*sie (die Frauen) sind zuhause*") handelt, natürlich überall großgeschrieben.

Die Silbentrennung

Im allgemeinen ist es am besten, wenn man die Trennung von Wörtern vermeidet, soweit dies aus stilistischen oder drucktechnischen Gründen möglich ist. Wenn ein Wort aber doch getrennt werden muß, sollte man folgende Grundregeln beachten:

a. Man trennt die Silben meistens so, wie man spricht, also nach einem Vokal oder einem Diphthong:

   Er-zäh-lung, Be-schä-mung, Ver-all-ge-mei-ne-rung, Fräu-lein.

b. Einzelne Buchstaben und Laute werden nie getrennt:

   oder, aber, Abend, öfen, Eber, eben, Ehre.

c. Bei zwei Konsonanten oder bei Doppelkonsonanten erfolgt die Silbentrennung vor dem letzten Konsonant:

   ret-ten, reg-nen, damp-fen, Kat-ze, Ras-pel, of-fen, öff-nen.

d. *-st-, -ph-, -th-* werden nicht getrennt, sofern diese zu nicht zusammengesetzten Wörtern gehören:

   Mei-ster, höch-ste, So-phie, Goe-the.

e. *-ck-* wird in *-k-k-* aufgelöst:

   Zucker in *Zuk-ker, dicker* in *dik-ker, decken* in *dek-ken.*

f. Zusammengesetzte Wörter werden nach ihren einzelnen Bestandteilen getrennt:

   Wörter-buch, Guck-loch, dar-an, Mittag-essen, an-erkannt, Kranken-versicherung, zusammen-gesetzt, Bestand-teil.

Der Brief: Allgemeines

Man schreibt Briefe aus drei Hauptanlässen: 1) um etwas anzufordern (Bewerbung um eine Arbeitsstelle, Bestellung von Produkten usw.), 2) um Information und Meinungen auszutauschen und mitzuteilen (Übersendung von Schriftstücken und anderen Postsendungen, Fragen beantworten/beantworten lassen, Leserbriefe an Zeitungen und Zeitschriften richten usw.) und 3) um mit Bekannten, Freunden und Familienmitgliedern menschlichen Kontakt aufrechtzuerhalten. Auf den nächsten Seiten lesen Sie, wie man in einer dieser Situationen den jeweils richtigen Brief schreibt.

Jeder Brief besteht aus mehreren Teilen: *dem Absender (mit Ortsangabe, Telefonnummern usw.)*, *dem Empfänger*, *der Anrede*, *dem Datum*, *dem Text*, *dem Briefgruß oder der Schlußformel* und *der Unterschrift*. Geschäftsbriefe enthalten außerdem häufig einen *Briefkopf* mit dem Firmenzeichen und Angaben über den Sitz des Geschäfts, den *Betreff*, der kurze stichwortartige Information über den Inhalt des Briefes gibt, die *Anlage(n)*, die auf zusätzliche Dokumente hinweist(en), die dem Brief beigelegt wird/werden, den *Verteiler*, der einem mitteilt, wer Kopien des Briefes erhalten soll, und, wenn nötig, ein *Postskriptum*.

Der Umschlag

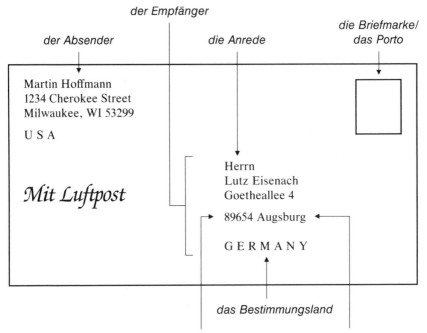

Der Absender kann auch auf die Rückseite des Umschlages geschrieben werden. Das ist meist bei privater Korrespondenz der Fall. Bei Geschäftsbriefen kommt der Absender auf die Vorderseite des Umschlages.

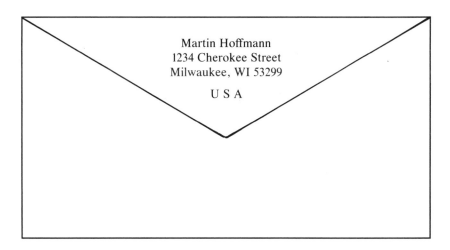

Martin Hoffmann
1234 Cherokee Street
Milwaukee, WI 53299

U S A

Auf dem Umschlag eines Briefes oder anderer Poststücke kann man auch folgende Bemerkungen finden.

1. *Postgebühr beim Empfänger erheben*
2. *Postgebühr bar bezahlt*
3. *Zustellung per Nachnahme*
4. *Falls nicht zustellbar, bitte zurück an den Absender*
5. *Empfänger unbekannt verzogen*
6. *Empfänger verstorben*
7. *Zurück an Absender*
8. *Einschreiben*
9. *per Eilboten*
10. *Wertsache*
11. *Luftpost*

Die äußere Form und die einzelnen Bestandteile eines Briefes

Der deutsche Brief besteht aus den folgenden Bestandteilen. Deren Verwendung hängt allerdings jeweils davon ab, ob es sich um einen geschäftlichen oder persönlichen Brief handelt.

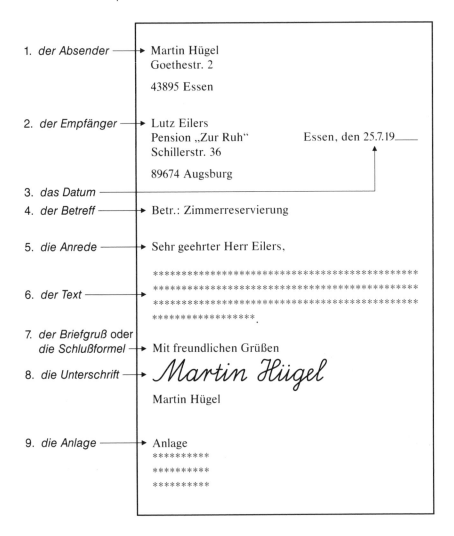

1. *der Absender* ──▸	Martin Hügel
	Goethestr. 2
	43895 Essen
2. *der Empfänger* ──▸	Lutz Eilers
	Pension „Zur Ruh" Essen, den 25.7.19___
	Schillerstr. 36
	89674 Augsburg
3. *das Datum* ───	
4. *der Betreff* ───▸	Betr.: Zimmerreservierung
5. *die Anrede* ───▸	Sehr geehrter Herr Eilers,
6. *der Text* ───▸	**
	**
	**
	*****************.
7. *der Briefgruß* oder	
die Schlußformel ─▸	Mit freundlichen Grüßen
8. *die Unterschrift* ─▸	*Martin Hügel*
	Martin Hügel
9. *die Anlage* ───▸	Anlage
	**********
	**********
	**********

Der Absender oder der Briefkopf

Die Adresse des Absenders steht oben links auf der ersten Seite des
Briefes. Im Briefkopf befinden sich der Name der Person oder der
Firma, die Adresse und vielleicht auch die Telefonnummer, Fern-
schreib-, Telefaxnummer und Bankverbindung. Wenn das Briefpapier
bereits einen vorgedruckten Briefkopf hat, kann man auf diese Angaben
verzichten. Firmen sind gesetzlich dazu verpflichtet, Angaben wie Aktiengesellschaft, Kommanditgesellschaft, Gesellschaft mit beschränkter
Haftung usw. zu machen.

Der Empfänger

Die volle Anschrift des Empfängers schreibt man formal richtig genau links unter den Absender.

Bei großen Firmen ist es üblich, die Abteilung zu nennen. Der Empfänger wird dann näher bestimmt. Der Vermerk z.H. (zu Händen) ist heute nicht mehr erforderlich:

> *Rosenbauer International*
> *Export*
> *Frau Dir. Starr*

Je detaillierter man bei großen Firmen den Empfänger bzw. die entsprechende Abteilung angibt, desto schneller erreicht das Dokument seinen Empfänger.

Das Datum und Bezugs- oder Diktatzeichen

Das Datum schreibt man an den rechten Rand neben den Namen des Empfängers. Auf vielen vorgedruckten Briefbögen ist dafür bereits ein bestimmter Platz angegeben. Man braucht lediglich eine entsprechende Zahlenkombination zu ergänzen.

Beachten Sie, daß im Deutschen stets eine bestimmte Reihenfolge eingehalten wird:

TAG - MONAT - JAHR

Achtung: 10. 06. bedeutet 10. Juni und *nicht* 6. Oktober!

In Briefen ohne Vordruck wird das Datum durch die Ortsangabe eingeleitet und durch ein Komma und „den" abgesetzt. „Den" darf auch weggelassen werden. Folgende Schreibweisen sind üblich:

> *Nürnberg, den 24. September 19___*
> *Leipzig, den 24. 09. 19___*
> *Graz, den 24. 9. 19___*
> *Hamburg, 24. 9. 19___*

Längere Monatsnamen dürfen abgekürzt werden, z.B. Jan., Feb., Aug., Sept., Okt., Nov., Dez.

In Geschäftsbriefen befinden sich in der Zeile des Datums oft mysteriöse Abkürzungen, sogenannte *Diktatzeichen,* auf die man sich im Antwortschreiben unbedingt beziehen sollte. Meistens stehen diese Zeichen unter *Ihr Zeichen/ Ihre Nachricht vom/ Unser Zeichen/ Unsere Nachricht vom.* Man liest z.B. *Verk./WB/ek* und kann anhand dieser Leitwörter die Abteilung, also *Verkauf,* sowie den Auftraggeber des Briefes, *Willy Breuer* und die Schreiberin des Briefes, *Evelyn Kramer,* identifizieren.

Der Betreff

Der Betreff befindet sich generell zwischen dem Empfänger und der Anrede. Er gibt stichwortartig den Inhalt des Briefes wieder. Diese Zeile wird nicht unterstrichen.

> *Betreff: Ihre Anfrage vom 25. 12. 19*___
> *Betr.: Ihre Anfrage vom 25. 12. 19*___

Die Zeile kann aber auch allein stehen. Betr./Betreff braucht man heute nicht mehr schreiben:

> *Ihre Anfrage vom 25. 12. 19*___

Die Anrede

Die Anrede steht direkt unter der Betreffzeile. Es ist wichtig, zwischen der geschäftlichen Version, der freundschaftlichen und der Anrede in Liebesbriefen zu unterscheiden. Die Anrede schließt mit einem Komma, manchmal auch mit einem Ausrufezeichen.

Die Anrede in Geschäftsbriefen:
Wendet man sich nicht direkt an eine bereits bekannte Einzelperson, wählt man die unpersönliche, jedoch höfliche, Anredeformel:

> *Sehr geehrte Damen und Herren,*

Ist der Empfänger bekannt, so lautet die Anrede wie folgt:

> *Sehr geehrter Herr Bäcker,*
> *Sehr geehrte Frau Müller,*
> *Sehr geehrte Frau und Herr Meier,*

Die Anredeform *Fräulein* wird heute nicht mehr verwendet. Man sollte eine Frau nie mit *Fräulein* ansprechen. Es klingt nicht nur veraltet, sondern unter Umständen auch beleidigend.

Im deutschen Sprachraum werden die entsprechenden Berufsbezeichnungen und akademischen Titel der angesprochenen Personen in der Anrede angegeben:

> *Dir. (Direktor); Prof. (Professor); Dr. (Doktor); Dipl.-Ing. (Diplom Ingenieur); Ing. (Ingenieur); Mag. (Magister); Kapt. (Kapitän); Abteilungsleiter; Bürgermeister; Hofrat (Österreich) usw.*

Akademische Titel stehen direkt vor dem Namen, während Berufsbezeichnungen in der vorangehenden Zeile erwähnt werden:

> *Herrn*   *Frau Bürgermeister*
> *Dr. Otto Graf*   aber   *Mag. Ulrike Zimmer*

Den Deutschen, den Schweizern und allen voran den Österreichern wird eine Titelsucht nachgesagt. Es ist zweifellos ratsam, eher einen Titel zu hoch zu greifen als einen Rang zu niedrig, um den Empfänger nicht schon zu verstimmen, bevor er zum eigentlichen Inhalt des Briefes vorgedrungen ist.

Die freundschaftliche Anrede:
Im Freundes- und Bekanntenkreis sowie unter guten Kollegen spricht man sich wie folgt an:

> *Liebe Frau Gehlker,*
> *Lieber Herr Renzig,*
> *Liebe Eva,*
> *Lieber Josef,*

Die Emanzipation macht sich auch im Schriftverkehr bemerkbar. Früher trennte man zwischen männlicher und weiblicher Anrede, heute wird beides manchmal kombiniert:

> früher: *Liebe Kolleginnen und Kollegen,*
> heute: *Liebe KollegInnen,*

Unter guten Freunden sind.der Kreativität bei der Anrede keine Grenzen gesetzt:

> *Hi; Hallo; Halli-Hallo; Meine Lieben; Hallo Daheimgebliebene;*
> *Hallo Rasselbande; Hallo Fans usw.*

Der Text oder der Briefinhalt

Man beginnt den Text des Briefes gleich unter der Anrede, wobei eine Zeile ausgelassen wird. Das erste Wort beginnt nicht mit einem Großbuchstaben, es sei denn, es handelt sich um ein Hauptwort (Substantiv):

> *Sehr geehrter Herr Lehmann,*
>
> *hiermit möchte ich Sie bitten, uns mehr Informationen über Ihr neues Produkt zu senden . . .*

Der Briefgruß oder die Schlußformel

Heutzutage ist es üblich, einen Geschäftsbrief mit den folgenden Worten abzuschließen, wobei kein Komma an das Ende gesetzt wird:

> *Mit freundlichen Grüßen*
> *Mit freundlichem Gruß*
> *Freundliche Grüße*
> *Hochachtungsvoll*

Persönliche Briefe, besonders unter Freunden, können recht originelle Grüße haben. Folgende kann man ohne Bedenken benutzen:

Tschüß; Servus; Herzlichst; Liebe Grüße; Bis bald; Bis dahin;
Mit den besten Grüßen; Schönen Gruß an . . . . (Namen);
Schöne Grüße an . . . . (Namen) usw.

Folgende sollte man allerdings nur in Liebesbriefen benutzen:

In Gedanken immer bei Dir; Ewig Dein(e); In großer Sehnsucht;
In tiefer Liebe; Ganz Dein(e); Dein(e) viel an Dich denkende(r);
Dein(e) Dich innig liebende(r); Leidenschaftlich usw.

Die Unterschrift

Die Unterschrift gehört unbedingt zum Brief. Sie befindet sich ganz links
direkt unter dem Briefgruß. Ob man den Namen ausschreibt, gewöhnlich unter der Unterschrift, hängt davon ab, ob der Briefkopf den Namen
des Absenders enthält.

Mit freundlichen Grüßen

Schmidt

Gerlinde Schmidt

Handelt es sich um eine Firma, so ist es notwendig, den Firmen-
namen über der Unterschrift zu nennen. Im Fall von zwei Unterschriften
sollte die Unterschrift des Sachbearbeiters rechts von der Unterschrift
des Vorgesetzten stehen. Um das Vollmachtsverhältnis klarzustellen,
werden Abkürzungen wie *i.V. (in Vollmacht), i.A. (im Auftrag)* oder *ppa.*
(per procura) vor die Unterschrift gestellt.

Mit freundlichen Grüßen
Norddeutsche
Strickwarenfabrik AG

Schmidt   Meier

ppa. Schmidt   i.A. Meier

Sonstiges: Die Anlage und der Verteiler

Geschäftsbriefe enthalten unter der Unterschrift sogenannte Anlagen,
d. h. Kopien von anderen Briefen, einen Lebenslauf, Fotokopien von
Dokumenten, Rechnungen oder sonstige Informationen.

Man setzt unter die Unterschrift *Anlage,* oder *Anlagen,* falls es sich
um mehrere Dokumente handelt. *Anlage(n)* kann, muß aber nicht, unterstrichen werden. Direkt darunter erscheinen dann in Stichwörtern die
verschiedenen Arten der Anlagen.

3 Anlagen
Lebenslauf
Zeugnis
Scheck

Außerdem erscheint oft unter der(n) Anlage(n) der sogenannte *Verteiler*. Dies gibt an, wer Kopien eines Briefes erhalten soll. Im Amerikanischen Sprachgebrauch entspricht der Verteiler dem *cc* oder *xc*. Eine häufig anzutreffende Variante des *Verteilers* ist *Kopien an*, gefolgt von den Namen derjenigen, denen man Kopien übersenden will.

Verteiler:
Frau Meier, Personalabteilung
Herrn Renzig, Verkauf

Das Postskriptum

Im Privatbrief werden wichtige Informationen, die man im Text vergessen hat, im Postskriptum nachgetragen. Wie im Englischen wird dabei die Abkürzung *P.S.* benutzt.

P.S. Hat sich Uli eigentlich schon bei Euch gemeldet?

Muster: Geschäftsbrief

Das hier folgende Muster eines Geschäftsbriefes besteht aus den Bestandteilen:

1. *Briefkopf*
2. *Empfänger*
3. *Datum*
4. *Betreff*
5. *Anrede*
6. *Text*
7. *Briefgruß*
8. *Unterschrift*
9. *Anlagen und Verteiler*

① # Hermann Schmied & Partner
Eisenwarenfabrik

Hermann Schmied & Partner, Bergstr. 24, 87965 München,
Einschreiben

② Müller & Hansen
Einkaufsabteilung
Am Jungfernstieg 123

23456 Hamburg

Ihre Zeichen, Ihre Nachricht vom	Unsere Zeichen	☎(05 61) 82 43-1 Durchwahl 82 43-	③ München
bl-fa 02. 03 . . .	Fh-l	12	7. März 19___

Betreff
④ Angebot über Stahlträger

⑤ Sehr geehrte Damen und Herren!

****
⑥ **
**********************.

****

****
**************************.

⑦ Hochachtungsvoll
Hermann Schmied & Partner
ppa.

⑧ *Fürke*

Egon Fürke

⑨ 2 Anlagen

Verteiler
****
****

1. *Briefkopf*
2. *Empfänger*
3. *Datum*
4. *Betreff*
5. *Anrede*
6. *Text*
7. *Briefgruß*
8. *Unterschrift*
9. *Anlagen und Verteiler*

Muster: Privatbrief

Das hier folgende Muster eines Privatbriefes besteht aus den Bestandteilen:

1. *Datum*
2. *Anrede*
3. *Text*
4. *Briefgruß*
5. *Unterschrift*
6. *Postscriptum*

---

① London, den 10. März 19____

② Liebe Eva-Maria!

Nun wird es langsam Zeit, daß ich Deinen ausführlichen Brief endlich beantworte. Ich habe mich sehr darüber gefreut.

③ Wie geht es Dir im fernen Wien? Was macht die Arbeit? Erzähl' mir doch, was Du immer treibst!

Ich habe mich im September für ein Studium in Wisconsin mit Endziel MA beworben. Im Februar fanden Bewerbungsgespräche in Berlin mit einem Professor aus Hannover statt. Zum ersten Mal hatte ich ein Interview mit einem Professor aus „Westdeutschland". Es war wirklich eine Erfahrung!

Zurück von weitschweifigen Zukunftsplänen zum gegenwärtigen Alltag. Mir gefällt es noch immer sehr, sehr gut in London. Viele meiner Freunde aus Rostock kamen mich schon besuchen. Ich genieße es immer, ihnen London zu zeigen.

Danke für Deine Einladung nach Wien, aber aus einem Besuch wird vorläufig nichts werden. Du und Dein Freund sind jedoch jederzeit herzlich willkommen in London. Ich werde bis Ende Juni hier sein.

④ Alles Liebe von London
nach Wien sendet Dir

⑤ *Kathrine*

⑥ P.S.: Hast Du etwas von Michael gehört?

WORTSCHATZ
(Der Brief: Allgemeines)

Verben
ab·kürzen[1] *to abbreviate*
grüßen *to extend greetings*
schreiben*[2] *to write*
tippen *to type*

Substantive
die Abkürzung (-en)
  abbreviation
der Absatz (¨e) *paragraph*
der Absender (-) *return address;*
  person who sends a letter
die Adresse (-n) *address*
die Anführungszeichen (-)
  quotation marks
die Anlage (-n) *enclosure*
die Anrede (-n) *form of*
  address
die Anschrift (-en) *address*
das Ausrufezeichen (-)
  exclamation mark
das Bestimmungsland (¨er)
  destination (country)
der Bestimmungsort (-e)
  destination (town or city)
der Betreff (-s) *in reference to*
der Bindestrich (-e) *hyphen*
das Blatt (¨er) *sheet (of paper)*
der Bleistift (-e) *pencil*
der Brief (-e) *letter*
der Briefkopf (¨e) *letterhead*
die Briefmarke (-n) *stamp*
das Briefpapier (-e) *stationery,*
  letter paper
der Buchstabe (-n) *letter (of the*
  alphabet)

das Datum (-ten) *date*
das Diktatzeichen (-) *dictation*
  notes
der Doppelpunkt (-e) *colon*
der Eilbote (-n) *express mail*
der Empfänger (-) *receiver*
das Fragezeichen (-) *question*
  mark
der Gedankenstrich (-e) *dash*
die Gemeinde (-n) *community,*
  municipality
der Geschäftsbrief (-e) *business*
  letter
die Großschreibung (-en)
  capitalization
der Gruß (¨ße) *greeting*
die Handschrift (-en)
  handwriting
der Hauptsatz (¨e) *main*
  clause
die Kleinschreibung (-en) *lower-*
  case writing
das Komma (-s) *comma*
der Kugelschreiber (-), Kuli (-s)
  ballpoint pen
die Luftpost (k.P.)[3] *air mail*
die Nachnahme (-n) *cash on*
  delivery
der Name (-n) *name*
der Nebensatz (¨e) *dependent*
  clause
der Ort (-e) *town*
das Papier (k.P.) *paper*
das Porto (k.P.) *postage*
die Postleitzahl (-en) (PLZ)
  postal code (ZIP code)

---

[1]Trennbare Verben werden mit einem Punkt nach dem Präfix gekennzeichnet.

[2]Unregelmäßige Verben werden mit einem Sternchen gekennzeichnet.

[3]k.P.—keine Pluralform.

das Postskriptum (-ta) (P.S.)
postscript (P.S.)
der Punkt (-e) *period*
das Radiergummi (-s) *eraser*
der Rand (-̈er) *margin*
die Rechtschreibung (-en)
spelling
der Satz (-̈e) *sentence*
der Schrägstrich (-e) *slash*
das Semikolon (-s) *semicolon*
die Silbentrennung (-en)
hyphenation
die Stadt (-̈e) *city*
das Sternchen (-) *asterisk*
der „Strich" (-e) *dash*
der Strichpunkt (-e)
semicolon
der Text (-e) *text*
die Tinte (-n) *ink*
der Umschlag (-̈e) *envelope*
die Unterschrift (-en)
signature
der Verteiler (-) *distribution list*
die Wertsache (-n) *valuable item*

die Zeichensetzung (-en)
punctuation
die Zustellung (-en) *delivery*

Adjektive
geehrte(r) *dear (formal)*
geschäftlich *on business*
handschriftlich *handwritten*
liebe(r) *dear (informal)*
persönlich *personal*
umgangssprachlich *colloquial*
verehrt *respected, dear*
vorgedruckt *preprinted*
nicht zustellbar *cannot be delivered*

Sonstiges
Frau . . . *Mrs., Miss, Ms.*
Herr . . . *Mr.*
per Luftpost schicken *to send s.th. via air mail*
per Nachnahme schicken *to send s.th. C.O.D.*
zu Händen (z.H.) *to the attention of*

Übungen (Zeichensetzung, Rechtschreibung, der Brief: Allgemeines)

A. Ergänzen Sie:

1. Derjenige, der einen Brief schickt, ist der _____.

2. Das Zeichen am Ende eines Fragesatzes heißt _____.

3. Derjenige, der einen Brief bekommt, ist der _____.

4. Ein Schriftzeichen des Alphabets ist _____.

5. Das Gegenteil von „geschäftlich" ist _____.

6. Das „-" in „7-8-1990", ist _____.

7. Das Blatt, auf dem man schreibt, ist _____.

B. Ergänzen Sie die folgenden Sätze mit dem richtigen Wort:

1. Dieser Brief geht nach Deutschland. Du mußt ihn _____ schicken.

2. In welcher _____ wohnst du?

3. Berlin ist die Hauptstadt von welchem _____?

4. Die Nummer „8900" ist die _____.

5. Dieser _____ ist viel zu klein für diesen Brief.

6. Ich möchte Johann schreiben. Weißt du seine _____?

7. Ich schicke der Firma BMW meinen Lebenslauf in der

   _____ des Briefes.

8. „Liebe . . ." und „Sehr geehrte . . ." sind Beispiele

   einer _____.

9. „PLZ" bedeutet _____.

C. Schreiben Sie eine akzeptable Anrede an die folgenden Personen:

1. an Ihre Freundin Claudia

2. an Ihren Onkel Fritz

3. an den Vater eines Freundes

4. an Ihre Urgroßmutter

5. an eine ehemalige Lehrerin

6. an Ihre Freunde Hans und Hanna

7. an die Firma BASF

8. an einen Herrn, den Sie erst gestern kennenlernten

9. an eine dreißigjährige Frau, die nicht verheiratet ist

10. an den Autor dieses Buches

D. Korrigieren Sie den folgenden Absatz, indem Sie Großschreibung und Zeichensetzung beachten.

hast du gelesen was gestern in der zeitung stand   man will die hauptstraße sperren um eine neue wasserleitung zu legen die die alte ersetzen soll   mensch, das ist ja eine überraschung niemand hat mir davon erzählt   die baustelle wird für uns alle ein großer umweg sein   ich schlage vor daß wir protestbriefe an die zeitung die stadt und den bürgermeister schreiben schreibst du auch einen brief   die nächste sitzung des stadtrates ist am 3 september   das ist mein geburtstag   was für ein geschenk

Private Briefe: Allgemeines

Das folgende Kapitel enthält eine kleine Auswahl privater Briefe. Die jeweils anschließenden Wortschatzlisten und Übungen sollen Ihnen helfen, solche Briefe selbst zu schreiben. Weitere nützliche Vokabeln finden Sie im Anhang dieses Buches. Hier zunächst ein paar Hinweise:

Die Pronomen *du* (*dir, dich, dein* usw.) und *ihr* (*euch, euer* usw.) werden in Briefen stets groß geschrieben.

Wie geht es Euch? Habt Ihr Euch gut erholt?

Seien Sie vorsichtig mit dem Duzen! Duzen Sie nur enge Freunde und Familienmitglieder, also nur die Personen, die Sie auch im direkten Gespräch duzen. Unbekannte und Bekannte, mit denen man per Sie ist, werden auch auf einer herzlichen Grußkarte mit Sie angesprochen.

Wenn am Ende einer Anrede ein Ausrufezeichen (!) steht, beginnt das erste Wort des darauffolgenden Satzes im Brieftext groß.

Liebe Tante Margot!
Wie geht es Dir? Es tut mir leid, daß ich . . .

Steht dagegen ein Komma (,), so ist das erste Wort klein zu schreiben, soweit es sich nicht um einen Eigennamen, ein Substantiv oder ein Pronomen wie Sie/Du/Ihr handelt.

Liebe Tante Margot,
wie geht es Dir? Es tut mir leid, daß . . .

Aber:

Liebe Tante Margot,
Du hast sicher schon gehört, daß wir . . .

Der Brief an Freunde

Brief an einen Freund zu seinem Geburtstag

Hamburg, den _____ 19___

Lieber Jens,

    laß Dir ganz herzlich zu Deinem 18. Geburtstag gratulieren! Du bist jetzt volljährig und kannst machen, was Du willst. Schade, daß wir nicht bei Dir sein können, aber wir hoffen, der kleine Kartengruß freut Dich trotzdem. Wenn Du vom Feiern genug hast, ruf uns doch mal an.

Deine

Ursula und Martha

Danksagung für einen Brief

Herleshausen, den _____ 19___

Liebe Freunde!

    Die liebevollen Glückwünsche zu meinem 18. Geburtstag haben mir große Freude bereitet. Sie waren so zahlreich, daß ich mich bei Euch entschuldigen muß, daß mir im Moment die Zeit fehlt, jedem einzelnen von Euch persönlich zu danken. Aber eine persönliche Antwort folgt bestimmt.

    Erstmal danke ich Euch allen herzlich und verbleibe

Euer

Jens

Brief an eine(n) Unbekannte(n)/Brieffreund(in)

Hameln, den _____ 19___

Lieber Brieffreund . . . ,
Liebe Brieffreundin . . . ,

wir kennen uns noch nicht, aber ich habe Deine Adresse von
meinem Englischlehrer bekommen. Ich heiße Jens Dörfler, ich bin
vierzehn Jahre alt und wohne in Hameln, der Heimatstadt des
berühmten Rattenfängers. Wir haben hier jeden Sommer viele
Touristen, die den Rattenfänger gerne sehen möchten.
Meine Eltern sind geschieden. Ich wohne zusammen mit meiner
Mutter und zwei Schwestern in einer Eigentumswohnung nicht weit
von der Altstadt. Eine meiner Schwestern studiert in Düsseldorf an der
Universität. Die andere geht noch zur Schule hier in Hameln.
Ich treibe gern Sport, vor allem Fußball und Radfahren. Abends
und an kalten Wintertagen beschäftige ich mich mit Lesen und
Fernsehen.
Bitte schreib' mir bald über Dein Leben in den USA.

Dein

Jens

P.S. Vielleicht kannst Du mir ein Foto von Dir schicken, damit ich
weiß, wie Du aussiehst.

WORTSCHATZ
(Der Brief an Freunde)

Verben
bereiten   *to give*
sich beschäftigen mit   *to occupy oneself with*
sich scheiden lassen*   *to get a divorce*
Sport treiben*   *to engage in sports*
verbleiben*   *to remain*

Substantive
die Altstadt (⁻e)   *old city*

der Brieffreund (-e), die Brieffreundin (-nen)   *pen pal*
die Karte (-n)   *card*
der Kartengruß (⁻ße)   *greeting by card*
das Radfahren (k.P.)   *bicycling*
der Rattenfänger (-)   *the Pied Piper (the rat catcher)*

Adjektive
geschieden   *divorced*
volljährig   *of legal age*

Übungen (Die Freundschaft)

1. Schreiben Sie einen kurzen Brief an eine(n) Freund(in) oder Bekannte(n) zu seinem/ihrem Geburtstag.

2. Schreiben Sie eine Danksagung für ein Geschenk oder einen Geburtstagsgruß.

3. Schreiben Sie einen Antwortbrief an „Jens", in dem Sie sich vorstellen und um weitere Information über Jens bitten.

Die Einladung

Es gibt zwei Arten von Einladungen, formelle und informelle. Beide enthalten den Anlaß (warum man einlädt), den Ort und den Tag der Einladung, den Einladenden (Gastgeber) und was man unter Umständen mitbringen soll. Lesen Sie folgende Beispiele und merken Sie sich die Ähnlichkeiten und die Unterschiede.

Einladung zur Geburtstagsfeier

Liebe Freunde!

Schon wieder ist ein Jahr vergangen, und da habe ich schon wieder Geburtstag. Ihr seid alle zu meiner Geburtstagsfeier herzlich eingeladen. Wo soll das stattfinden, höre ich Euch fragen. Bei mir natürlich, hört Ihr mich antworten. Wann? Am kommenden Samstag, den 23.7.19___ von 15.00 Uhr bis ??? Was sollt Ihr mitbringen? Nichts außer guter Laune. Aber sagt mir bis Donnerstag Bescheid, ob Ihr kommen könnt, damit ich mit Blick auf Essen und Getränke richtig planen kann.

Bis dahin verbleibe ich mit lieben Grüßen

Euer

Hansi

Einladung zur Cocktailparty

Sehr geehrter Herr Ecker!

Es ist uns eine besondere Ehre, Sie zu unserem festlichen Empfang anläßlich der Eröffnung unseres renovierten Konzerthauses einzuladen. Wir möchten Sie und Ihre Gattin dazu einladen, mit uns ein Gläschen Champagner auf die neue Saison zu trinken.

Wir würden uns freuen, Sie am 8. September um 19:00 im Blauen Salon begrüßen zu dürfen.

Anschließend sind Sie selbstverständlich unsere Gäste beim feierlichen Eröffnungskonzert. Wir bitten um Abendgarderobe.

Hochachtungsvoll
Ihr Konzertverein

P. Mehta

P. Mehta

Einladung zum Grillfest

Liebe Freunde,

um unser neuerstandenes Grundstück mit Holzhütte zünftig einzuweihen, möchten wir Euch sehr gern zu einem gemütlichen Grillfest einladen.

Wann?	Am 3. August 19____
	Die Kohle zum Grillen liegt ab 6 Uhr bereit und Sommernächte sind bekanntlich lang.
Wo?	Hasbergersteig 37/4325 Hinterstoder
Wer kommt?	Alle: Hans, Gertraud, Waldi, Gerold, Susi . . .
Was passiert?	Essen, trinken, Musik, Feuerwerk um Mitternacht und vieles mehr . . .
Was brauche ich?	Alles, was Du gern ißt und trinkst und GUTE LAUNE!!!

Bis bald

P.S.: Wer an einer Mitfahrgelegenheit interessiert ist bzw. wer ein Auto hat, bitte bei Harald (07222/33 05 353) melden.

Einladung zum Polterabend

Ilse Schulz

und

Hannes Schmidt

heiraten am Sonntag, den 7. Juni 19____

und laden herzlich ein zu ihrem

POLTERABEND

am Freitag, den 3. Mai 19____, um 19:00

Am Stadtrand 3/Nr. 17, Frankfurt

Anmeldung erbeten bis 30. April 19____, 53 77 899

Einladung zum allgemeinen Zusammenkommen

---

24. November 19____

MEMO

AN: Alle, die gern Deutsch miteinander sprechen möchten
VON: Hermann Müller
BETR: Mittagstischgespräche

Unsere erste Tischrunde am 16. November war klein—aber
fein! Donnerstag, den 30. November treffen wir uns wieder,
ab 12 Uhr 15 im Tripp Commons, Memorial Union. (Zwei
kleine Fähnchen markieren den Tisch.) Zu reden gibt's genug!

Bis dann,

Hermann

Absage von einem/einer Bekannten

Altona, den 23.2.19____

Lieber Hansi,

über die Einladung zu Deiner Geburtstagsfete nächsten Samstag
habe ich mich sehr gefreut. Leider muß ich Dir mitteilen, daß ich
an diesem Abend nicht kommen kann, weil meine Familie das
Wochenende schon in Flensburg bei meinen Großeltern verbringen
wird. Wir kommen erst Sonntag abend nach Hause zurück. Ich
wünsche Dir einen schönen Abend mit Deinen Freunden und das
Allerbeste in Deinem neuen Lebensjahr.

Mit liebsten Grüßen,
Deine

Martha

Zusage von einem/einer Bekannten

Altona, den 24.2.19——

Lieber Hansi!

So eine originelle Einladung bekommt man nicht alle Tage. Gern komme ich am Samstag zu Dir. Wenn Du etwas Trinkbares oder Eßbares brauchst, sag' mir rechtzeitig Bescheid. Ich freue mich schon auf Samstag. Darf ich Regina mitbringen? Bis Samstag dann!

Viele Grüße von Deinem

Hannes

WORTSCHATZ
(Die Einladung)

Verben
bedauern   *to be sorry*
begrüßen   *to welcome*
bereit·liegen*   *to be at hand*
Bescheid sagen   *to inform*
ein·laden*   *to invite*
ein·weihen   *to dedicate*
empfehlen*   *to recommend*
ersuchen   *to request*
heiraten   *to marry*
markieren   *to mark*
mit·bringen*   *to bring along*
mit·teilen   *to inform*
reden   *to talk*
statt·finden*   *to take place*
verbringen*   *to spend*
vergehen*   *to pass*

Substantive
die Abendgarderobe (-n)   *formal dress*

der Anlaß (¨sse)   *occasion*
der/die Bekannte (-n)   *acquaintance*
die Ehre (-n)   *honor*
das Eröffnungskonzert (-en)   *opening concert*
das Eßbare (k.P.)   *s.th. to eat*
das Essen (k.P.)   *food*
das Fähnchen (-)   *little flag*
die Feier (-n)   *party*
das Feuerwerk (-e)   *fireworks*
der Gastgeber (-)   *host*
die Gattin (-nen)   *wife*
das Getränk (-e)   *beverage*
die Laune (-n)   *mood*
die Mitfahrgelegenheit (-en)   *car pool*
das Mittagstischgespräch (-e)   *lunch talk*
der Polterabend (-e)   *party given on the eve of a wedding*

das Trinkbare (k.P.)   *s.th. to drink*
das Wochenende (-n)   *weekend*

Adjektive
verheiratet   *married*
selbstverständlich   *naturally*
bekannt   *known, acquainted*

Sonstiges
anläßlich (G)   *on the occasion of*
betr.   *concerning*
bis dahin   *until then*
klein aber fein   *small, but very nice*

Übungen (Die Einladung)

1. Antworten Sie auf die Einladung von Hansi! Teilen Sie ihm mit, daß Sie an diesem Abend leider schon etwas anderes vorhaben und es bedauern, daß Sie nicht kommen können.

2. Schreiben Sie eine eigene Einladung zu einem Gartenfest!

3. Schreiben Sie einen kurzen Brief, in dem Sie die Einladung zum Polterabend annehmen.

4. Entwerfen Sie eine originelle Einladung zum **Einstandsfest** (housewarming). Sie haben ein kleines Problem: Die Gäste sollen Ihnen zuerst beim Umzug helfen.

5. Schreiben Sie eine Einladung, nach folgendem Muster.

EINE EINLADUNG

Wann? ——————, ⌐ —.——— 19—— ⌐

→   ab —— Uhr

Wo? ————————————————

Was ist denn das? ——————————-Party

Was soll ich mitbringen? (1) ——————gericht ODER
(2) Salat   ODER
(3) Nachtisch   ODER
(4) etwas Flüssiges

Wen darf ich mitbringen? Mann, Frau, Freund, Freundin, eine(n) signifikante(n) Andere(n), Kinder (falls vorhanden)

Bis wann muss ich bescheidsagen? Bitte, bis zum ___. _____

tel. ___ ___ ___ ___

Wer sind Sie denn überhaupt?! (Verzeihung!)

_____, die Grillgerät, Holzkohle, Besteck, Getränke, Stühle und Katze bereitstellen!

Der Bitt- und Dankbrief

Bittbrief: Der Sohn bittet den Vater um Geld

Zürich, den 23. November 19___

Lieber Papa!

Ich möchte gleich mit der Tür ins Haus fallen und Dich um einen kleinen Vorschuß von meinem Weihnachtsgeld bitten.

Das Semester hat zwar gerade erst begonnen, aber ich mußte schon viel Geld für Bücher ausgeben. Außerdem hat meine Zimmerwirtin die Miete um 30 Franken erhöht.

Aus meinem Nebenjob ist auch nichts geworden, weil die Firma dann doch keine Studenten beschäftigen wollte.

Meine Lage sieht also sehr triste aus, und ich wäre Dir dankbar, wenn Du mir vorübergehend aus der Patsche helfen könntest.

Alles Liebe
Dein

Egon

P.S. Meine Kontonummer lautet: 223 - 456 - 0003
Ich bin noch immer bei der „Schweizer Allgemeinen".

Dankbrief: Eine Dame bedankt sich bei einem Bekannten für ein Überraschungsgeschenk

---

München, den 5. Mai 19____

Lieber Hubert!

   Ich danke Ihnen herzlich für die gelungene Überraschung. Es war sehr lustig, als Ihr Geschenk kam. Ich wollte gerade aus dem Haus gehen, da klingelte plötzlich der Postbote an der Tür. Zuerst dachte ich, daß das Paket für meine Nachbarn ist, die auf Urlaub sind, doch da lese ich meinen Namen. Erstaunt unterschreibe ich und laufe in die Küche, um das Paket aufzumachen.

   Ich traute meinen Augen nicht, als ich den handbemalten Seidenschal auspackte. Hubert, Sie wußten sogar noch meine Lieblingsblumen—Sonnenblumen.

   Der Schal ist wunderschön und paßt ausgezeichnet zu meinem neuen Kostüm. Ich werde ihn gleich morgen zum Konzert tragen.

   Haben Sie vielen, vielen lieben Dank für das Geschenk!

Liebe Grüße

Emilia

Danksagung an einen Freund

Lieber Charles

   für das Jahr 19____ alles Gute!

   Danke für die Hilfe und vielen guten Tips, die Du mir im Laufe der letzten Jahre gegeben hast! Ich bin zum 1.3 nach Budapest versetzt und würde mich freuen, wenn Du Zeit hättest, mich mal zu besuchen.

Herzlichst
Deine

Gisela Kohlauf

WORTSCHATZ
(Der Bitt- und Dankbrief)

Verben

aus·geben   *to spend money*
aus·packen   *to unwrap*
beschäftigen   *to employ*
bitten* um   *to ask for*
erhöhen   *to raise*
lauten   here: *is*
passen zu   *to match*
trauen (D)   *to trust*

Substantive

die Hilfe (-n)   *help*
das Kostüm (-̈e)   *suit (for a woman)*
die Miete (-n)   *rent*
das Paket (-e)   *package*
der Postbote (-n)   *mailman*
die Überraschung (-en)   *surprise*
der Vorschuß (-̈sse)   *advance*
die Zimmerwirtin (-nen)   *landlady*

Adjektive

ausgezeichnet   *excellent*
erstaunt   *surprised*
handbemalt   *hand painted*
versetzt   *transferred*

Sonstiges

Bände sprechen   *to speak volumes*
es liegt um die Ecke   *it is close by*
im Laufe der letzten Jahre   *over the years*
mit der Tür ins Haus fallen   *to blurt out*
jdm. aus der Patsche helfen   *to help s.o. out*

Übungen (Der Bitt- und Dankbrief)

1. Bitten Sie Ihre Großeltern um Geld. Begründen Sie, warum Sie das Geld unbedingt benötigen, und erklären Sie, wie Sie es zurückbezahlen werden!

2. Sie erhalten unerwartet ein Paket von einem/r alten Freund/in. Bedanken Sie sich bei ihm/ihr dafür!

Der Glückwunsch zur Geburt eines Kindes

Ein Nachbar gratuliert zur Geburt der Tochter

Sehr geehrte Frau Schmidt, sehr geehrter Herr Schmidt!

Im Namen aller Mitbewohner unseres Hauses möchte ich Ihnen unsere herzlichsten Glückwünsche zur Geburt Ihres vierten Kindes aussprechen. Möge Ihre neue Tochter Ihnen ebenso viel Freude bereiten wie Ihre drei anderen Kinder.

Mit freundlichen Grüßen
auch an den Rest der Familie
Ihr

Karl Schultheiss

WORTSCHATZ
(Der Glückwunsch zur Geburt eines Kindes)

Verben
aus·sprechen*   *to express*
versichern   *to assure*

Sonstiges
jdm. eine Freude bereiten   *to make s.o. happy*

Substantive
der Mitbewohner (-)   *other occupant of an apartment complex*

Übungen (Der Glückwunsch zur Geburt eines Kindes)

Schreiben Sie einen kurzen Brief an eine(n) Bekannte(n), in dem Sie ihr/ihm zur Geburt eines Sohnes gratulieren.

Der Glückwunsch zu einer bestandenen Prüfung

Glückwunsch zur bestandenen Zwischenprüfung

Marburg/Lahn, den 2.6.19____

Lieber Willi,

wie schön, daß Du die Zwischenprüfung bestanden hast! Wir haben die Nachricht mit großer Freude aufgenommen. Du hast mit großem Fleiß einen großen Sprung im Studium geschafft. Wir freuen uns mit Dir darüber!

Herzlichst

Deine Großeltern

Glückwunsch zum Schulabschluß

Stuttgart, den 2.6.19____

Lieber Klaus!

Ich habe von Deiner großen Leistung gehört und freue mich über Deinen Schulabschluß. Ich hoffe, er erweist sich als erster Schritt in ein erfolgreiches Berufsleben.

Wir haben gehört, daß Du eine Lehre als Autoschlosser beginnen möchtest. Bei all dem motorisierten Schrott, der auf unseren Straßen herumfährt, kann man gute Mechaniker immer gebrauchen.

Alles Beste
Dein

Ebert

Glückwunsch zur Beförderung

Stade, den 28.8.19＿＿

Liebe Terri,

was habe ich neulich über Dich gehört? Dein Unternehmen vertraut Dir die Leitung Deiner Abteilung an? So hat sich der unermüdliche Einsatz also endlich gelohnt.

Es würde mich nicht wundern, wenn Du in ein bis zwei Jahren Deine beruflichen Ziele nach oben hinkorrigieren müßtest. Aber zunächst wünsche ich Dir für die Aufgaben der nächsten Monate und Jahre viel Erfolg und das Glück, das Du als neue Verantwortungsträgerin brauchst.

Deine Besuche zu Hause sind leider immer seltener geworden. Denk' auch mal daran, daß der Tag nur 24 Stunden hat, und 8 bis 12 Stunden Arbeit allein auch nicht glücklich machen.

Mit den besten Grüßen
Deine

Marlis

Glückwunsch zum Eintritt in den Ruhestand

Buxtehude, den 13.7.19＿＿

Sehr geehrter Herr Steuber,

nach zwanzig Jahren treuer Mitarbeit haben Sie der Firma mitgeteilt, daß Sie am Ende des Monats in den Ruhestand eintreten. Im Namen aller Kolleginnen und Kollegen der Firma sage ich Ihnen ganz offen, daß die Jahre, die wir zusammengearbeitet haben, zu den erfolgreichsten gehören. Daß wir sehr gern mit Ihnen gearbeitet haben, lag nicht allein an Ihrer unermüdlichen Einsatzbereitschaft, sondern Ihre Offenheit und Ausgeglichenheit machten Sie auch zu einem verläßlichen Partner.

Wir danken Ihnen für die Arbeit, die Sie für die Firma geleistet haben und wünschen Ihnen für den Ruhestand alles Gute.

Mit freundlichen Grüßen

Helmut Müller

Führerschein: Eine Freundin gratuliert zum bestandenen Führerschein

Berlin, den 3.1.19____

Hallo Imke,

die Straßen Berlins sind unsicherer geworden. Die Fußgänger tragen sogar Schutzhelme, und man beginnt, enge Straßen zu verbreitern. Doch Spaß beiseite: Ich möchte Dir herzlich zum bestandenen Führerschein gratulieren. Zum Beweis meines grenzenlosen Vertrauens lade ich mich selbst zu einer Spazierfahrt mit Dir ein.

Gib mir doch Bescheid, wann es Dir am besten paßt!

Alle Achtung Frau Führerscheinbesitzerin!

Ilse

WORTSCHATZ
(Schule und Arbeit)

Verben
an·vertrauen   *to entrust*
auf·nehmen*   *to receive*
auf·tauchen   *to surface*
befördern   *to promote*
bestehen*   *to pass (a test)*
erfahren*   *to learn about*
erweisen*   *to prove to be*
sich freuen über (A)   *to be happy about*
mit·teilen   *to inform*
schaffen   *to accomplish, to make it*
unter·breiten   *to submit an offer*
unter·tauchen   *to dive into*
verbreitern   *to widen*

Substantive
der Abschluß (ˉsse)   *degree, diploma*
die Beförderung (-en)   *promotion*
der Beweis (-e)   *proof*

der Fleiß (k.P.)   *hard work, diligence*
der Führerschein (-e)   *driver's license*
der Fußgänger (-)   *pedestrian*
die Lehre (-n)   *apprenticeship*
die Prüfung (-en)   *examination, test*
der Ruhestand   *retirement*
der Schritt (-e)   *step*
der Schutzhelm (-e)   *helmet*
das Vertrauen (k.P.)   *trust*

Adjektive
bevorstehend   *upcoming*
grenzenlos   *without limits*
unsicher   *unsafe, dangerous*

Sonstiges
Alle Achtung!   *Well done!*
in den Ruhestand eintreten   *to retire*
passen: es paßt mir!   *it suits me*

Übungen (Schule und Arbeit)

1. Schreiben Sie einen kurzen Brief an eine(n) Bekannte(n), in dem Sie ihr/ihm einen Glückwunsch zu einem erfolgreichen Schulabschluß mitteilen.

2. Schreiben Sie eine Einladung an Freunde und Bekannte, in der Sie sie zu einer Party zur Feier Ihres Abschlusses einladen.

3. Schreiben Sie einen kurzen Brief an eine(n) Bekannte(n), in dem Sie sie/ihn zum Eintritt in ein Arbeitsverhältnis, zu einer Beförderung oder zum Ruhestand beglückwünschen.

Der Glückwunsch zum Familienfest

Brief an ein Geburtstagskind

Hamburg, den 16. Mai 19——

Lieber Jens,

laß Dir ganz herzlich zu Deinem 18. Geburtstag gratulieren! Jetzt bist Du volljährig und kannst machen, was Du willst. Darüber freuen wir uns sehr.

Es ist wirklich schade, daß wir heute abend nicht bei Dir sein können, um mit Dir auf Deine Volljährigkeit anzustoßen. Du mußt Dich mit dieser Karte begnügen. Aber die Feier werden wir nachholen. Ruf' uns doch mal an, damit wir uns verabreden können.

Liebe Grüße

Ursula und Michael

Glückwunschkarte zum 50. Geburtstag

Mainz, am 19. April 19——

Lieber Markus,

im Namen der Abteilung möchten wir Ihnen herzlich zu Ihrem runden Geburtstag gratulieren. Wir wünschen Ihnen für die zweite Lebenshälfte vor allem Gesundheit, und daß Sie das Leben weiterhin so humorvoll meistern.

Alles Gute wünschen Ihnen

Ihre
Kolleginnen und Kollegen

Brief zur Verlobung

Liebe Inge,

Du wirst es kaum glauben, aber Hansi und ich haben uns verlobt. Wir kennen uns schon so lange, daß es höchste Zeit war, uns zu verloben. Ich wollte Dir als erster schreiben. Gern hätte ich Dich angerufen, aber wir sind jetzt in Süditalien in Urlaub und die Telefonverbindungen nach Hause sind nicht besonders gut. Sobald ich wieder zu Hause bin, hörst Du von mir.

Liebe Grüße von Deiner überglücklichen

Ina

Hochzeitstag: Ein befreundetes Pärchen gratuliert

Salzburg, den 3. Oktober 19____

Liebe Turteltäubchen,

wir möchten dem glücklichsten Paar von Salzburg unsere besten Glückwünsche zum ersten Hochzeitstag senden. Wir hoffen, daß Euer trautes Glück lange währt, und freuen uns schon jetzt auf weitere lustige Ausflüge und Beisammensein mit Euch.

Wir drücken Euch fest die Daumen, daß der Storch sich bald meldet und Euer Wunsch nach Nachwuchs in Erfüllung geht.

Herzlichst

Marion und Richard

Hochzeitstag formell: Der Bürgermeister der Gemeinde gratuliert

Haag, am 30. April 19____

Sehr geehrte Jubilare!

Im Namen der Stadt Haag gratuliere ich Ihnen herzlich zur Goldenen Hochzeit. Es ist uns eine besondere Ehre, Sie zu Ihrem 50. Hochzeitstag zu einem gemütlichen Beisammensein mit anderen Jubilaren unserer Gemeinde am Donnerstag, dem 3. Mai um 15:00 im Rathaus einzuladen. Wir hoffen, Ihnen bei dieser Gelegenheit die besten Wünsche für noch viele weitere gemeinsame, gesunde Jahre persönlich aussprechen zu können.

Mit freundlichen Grüßen
Bürgermeister

H. Kolbenhofer

H. Kolbenhofer

WORTSCHATZ
(Der Glückwunsch zum Familienfest)

Schauen Sie unter „Glückwünsche zu Festtagen" für spezielle Glückwünsche.

Verben
an·sagen   *to announce*
an·stoßen*   *to drink a toast*
aus·machen   *to agree*
sich begnügen mit   *to content oneself with*
sich freuen über (A)   *to be happy about*
gratulieren (D)   *to congratulate*
meistern   *to master*

nach·holen   *to make up*
sich verloben   *to get engaged*
sich verschlagen*   *to end up*

Substantive
das Beisammensein (k.P.)   *being together*
der Bürgermeister (-)   *mayor*
der Geburtstag (-e)   *birthday*
der Geburtstagskuchen (-)   *birthday cake*

die Gelegenheit (-en)
  opportunity
die Gesundheit (k.P.)   *health*
die Hochzeit (-en)   *wedding*
der Hochzeitstag (-e)   *wedding*
  anniversary
der Jubilar (-e)   *man/woman*
  celebrating an anniversary
die Kindheit (-en)   *childhood*
der Nachwuchs   *addition to the*
  family
der Storch (⁻e)   *stork*
die Turteltaube (-n)   *turtle dove*
die Verlobung (-en)   *engagement*
die Volljährkeit (-en)   *legal age*
  (adult)
die zweite Lebenshälfte (-en)
  second half of life

Adjektive
gemütlich   *cozy*
humorvoll   *humorous*
rund   *even*
traut   *intimate*
volljährig   *of legal age*

Sonstiges
im Namen (G)   *in the name of*
in Erfüllung gehen*   *to come*
  true
die Daumen drücken   *to cross*
  one's fingers
Glückwünsche über·bringen*   *to*
  convey congratulations

Übungen (Der Glückwunsch zum Familienfest)

1. Gratulieren Sie einer älteren Dame in der Nachbarschaft zum 60. Geburtstag!

2. Gratulieren Sie Ihrem/Ihrer besten Freund/in zum Geburtstag!

3. Ihr Bekannter/Ihre Bekannte hat sich verlobt. Gratulieren Sie ihm/ihr!

4. Wünschen Sie Ihrem Cousin und seiner Frau alles Gute zur Hölzernen Hochzeit (zehnjähriger Hochzeitstag)!

5. Eine Ihrer ehemaligen Mitschülerinnen heiratet. Gratulieren Sie ihr!

Der Glückwunsch zu Festtagen

Glückwünsche zu Weihnachten und zum Neuen Jahr

Essen, den 24. Dezember 19——

Liebe Hanna, lieber Martin,

ein fröhliches Weihnachtsfest und ein glückliches neues Jahr 19——
wünschen wir Euch und Eurer Familie vom ganzen Herzen! Wir
drücken fest die Daumen, daß Eure Wünsche und Hoffnungen im
neuen Jahr in Erfüllung gehen. Also, einen guten Rutsch!

Eure

Hannes und Martha

Danksagung für Glückwünsche

Duisburg, 2. Januar 19——

Liebe Martha, lieber Jens,

wir danken Euch auf das Allerherzlichste für Eure Neujahrsgrüße
und wünschen auch Euch von ganzem Herzen alles Gute im neuen
Jahr.

Anna und Martin

Glückwunsch zu Ostern

Hannover, den 24.3.19____

Liebe Familie Beierlein!

Wir wünschen Ihnen ein fröhliches Osterfest. Hoffentlich regnet es nicht, damit die Kinder die Ostereier im Garten suchen können. Ostersonntag und Ostermontag werden wir zu den Großeltern fahren. Viele herzliche Grüße und viele bunte Osterhasen wünscht

Familie Schiller

WORTSCHATZ
(Der Glückwunsch zu Festtagen)

Substantive
der Gruß (⸚e) *greeting*
die Hoffnung (-en) *hope*
das neue Jahr *New Year*
das Osterei (-er) *Easter egg*
das Osterfest (-e) *Easter*
der Osterhase (-n) *Easter bunny or rabbit*
der Ostermontag (k.P.) *Easter Monday*
der Ostersonntag (k.P.) *Easter Sunday*

der Rutsch (k.P.) *"slip" into the New Year*
das Weihnachtsfest (-e) *Christmas*
der Wunsch (⸚e) *wish*

Sonstiges
fest die Daumen drücken *to cross one's fingers*
in Erfüllung gehen *to come true*
auf das Allerherzlichste *most warmly*

Glückwünsche und Beileidssprüche

Geburtstag	*Alles Gute zum Geburtstag!*
	Herzlichen Glückwunsch zum Geburtstag!
	Ich gratuliere/Wir gratulieren zum Geburtstag!
Rosenmontag	*Helau!*
	Alaaf!
Ostern	*Frohe Ostern!*
Weihnachten	*Fröhliche Weihnachten!*
	Frohes (Weihnachts-)Fest!

Silvester	*Ein gutes/gesegnetes/glückliches neues Jahr!*
	Guten Rutsch!
	Prosit 19___!
Heiligen Drei Könige	*Frohe Festtage!*
Reise	*Gute Fahrt!*
	Schönen Urlaub!
	Gute Reise!
Krankheit	*Gute Besserung/Genesung!*
Todesfälle	*Herzliches Beileid!*
	Herzlichste Anteilnahme!
Allgemein	*Alles Gute!*
	Das Allerbeste!

Übungen (Der Glückwunsch zu Festtagen)

Schreiben Sie eine sehr kurze Glückwunschkarte an folgende Personen:

1. an Ihre Großeltern, kurz vor Weihnachten

2. an einen Mitschüler, zu Ostern

3. an eine Kusine, kurz vor dem Urlaub

4. an Ihren Chef, kurz vor Neujahr

5. an einen Nachbarn, zu Weihnachten

Der Liebesbrief

Brief an die Freundin

Amrum, den 7.6.19___

Mein allerliebster Schatz!

Ich kann es kaum glauben, daß wir erst seit einer Woche voneinander getrennt sind, denn es kommt mir wie eine Ewigkeit vor. Minuten kommen mir wie Stunden vor und Stunden wie Tage. Mein Herz sehnt sich so sehr nach Dir, daß ich es kaum ertragen kann. Gestern war ich mit Freunden am Strand, und selbst die Schönheit der Natur kann ich ohne Dich nicht recht genießen. Was würde ich geben, um mit Dir Hand in Hand am Strand spazierengehen zu können. Wann, glaubst Du, kannst Du meiner Sehnsucht ein Ende bereiten? Bitte, komme bald!

Dein Dich liebender

Max ♡

WORTSCHATZ
(Der Liebesbrief)

Verben
an·bieten* *to offer*
ertragen* *to bear*
küssen   *to kiss*
schließen* *to close*
unter·bringen* *to put up*
vor·kommen* *to seem to be*

Substantive
die Ewigkeit (-en)   *eternity*
der Frieden (k.P.)   *peace*
die Fußnote (-n)   *footnote*
die Geborgenheit (-en)   *security*
die Gewißheit (-en)   *certainty*
der Kegelbruder (·)   *bowling partner*
der Keller (-)   *basement, cellar*
der Körperschweiß (k.P.)   *body sweat*

die Leidenschaft (-en)   *passion*
die Nähe (-n)   *closeness*
der Schulranzen (-)   *school bag*
der Schutzhelm (-e)   *helmet*
die Seele (-n)   *soul*
die Sehnsucht (k.P.)   *longing*
die Wahl (-en)   *choice*

Adjektive
ewig   *forever*
gelistet   *listed*
getrennt   *apart*
schweißbedeckt   *covered with sweat*
tausendfach   *thousandfold*

Sonstiges
Allzweck-   *multi-purpose*

Übungen (Der Liebesbrief)

Hier ist ein „Allzweckbrief", aus dem Sie Ihre eigene Liebessituation anfertigen können. Setzen Sie in die Lücken einen Ausdruck aus der jeweiligen Fußnote ein!

Mein(e) liebe(r) —————[1],

—————[2] bist Du bei mir! Wir brauchen kein(e)(n) —————[3]

mehr, nur uns beide, unser(e)(n) —————[4]. In meinen Armen wirst

Du —————[5] finden. Hand in Hand werden wir durch

—————[6] spazieren und die Gewißheit erleben, nicht mehr

—————[7] zu sein. Und wenn wir uns küssen, dann werden wir die

Augen schließen und —————[8] sein. Was aus uns beiden wird, weiß

ich —————[9]. Alles liegt in Deiner/Deinem —————[10].

Immer Dein(e)

———————————

[1]*Mann, Frau, Freund, Freundin, Geliebte, Geliebter, Schatz, Kollege, Kollegin, Briefpartner, Briefpartnerin, Kegelbruder*

[2]*bald, in einigen Tagen, in wenigen Stunden, in einem Monat, nächsten Montag, am kommenden Wochenende, nie wieder*

[3]*Kassettenrekorder, Bücher, Briefe, Postkarten, Telefone, CB-Radios, Schutzhelme*

[4]*Nähe, Liebe, Hände, Lippen, Augen, Kaffeetassen*

[5]*Ruhe, Wärme, Frieden, Geborgenheit, Leidenschaft, Körperschweiß*

[6]*die Nacht, den Tag, die Welt, den Sand, die Blumen, das Moos, den Wald, den Schnee, den Bahnhof*

[7]*allein, arm, schwach, stark, reich, krank, verrückt*

[8]*eins, zwei, zweieinhalb, zusammen, ewig, lebendig, schweißbedeckt*

[9]*nicht, genau, wenig, so gut wie Du*

[10]*Hand, Seele, Kopf, Keller, Hosentasche, Schulranzen*

Der Kondolenzbrief

Beileidsbrief: Brief an eine Kollegin in der Firma, deren Mann gestorben ist

---

Sehr geehrte Frau Schulz,

mit Betroffenheit habe ich heute im Büro erfahren, daß Ihr Mann an einem Schlaganfall gestorben ist. Für alle, die bei der Firma Bauer arbeiten, kommt diese Nachricht sehr plötzlich. Wir erinnern uns noch gut an die vielen Ausflüge, die wir gemeinsam mit Ihrem Gatten unternommen haben. Wir haben ihn stets als gutgelaunt und humorvoll kennen—und schätzengelernt.

Liebe Frau Schulz, in diesen schweren Tagen möchten wir Ihnen versichern, daß wir Ihnen und Ihren Kindern jederzeit zur Seite stehen. Scheuen Sie sich nicht, unsere Hilfe in Anspruch zu nehmen.

Im Namen aller Mitarbeiter möchte ich Ihnen unser tiefstes Beileid aussprechen.

Ihre

Irene Borstel

WORTSCHATZ
(Der Kondolenzbrief)

Verben
erfahren*   *to find out*
sich erinnern   *to remember*
erleben   *to experience*
schätzen   *to appreciate*
sich scheuen vor (D)   *to shrink from*
sterben*   *to die*

Substantive
der Ausflug (⸚e)   *excursion*
die Betroffenheit (-en)   *dismay, consternation*

der/die Mitarbeiter   *colleague*
die Nachricht (-en)   *news*
der Schlaganfall (⸚e)   *stroke*

Adjektive
gutgelaunt   *good-tempered*
humorvoll   *humorous*

Sonstiges
Hilfe in Anspruch nehmen   *to accept s.o.'s help*
jdm. zur Seite stehen   *to be on s.o.'s side*

Übungen (Der Kondolenzbrief)

Antworten Sie auf eine Todesanzeige, indem Sie Ihr Beileid aussprechen.

Die Anzeige in der Zeitung

Heiratsanzeige in der Zeitung

WIR HEIRATEN

Hannes Schmidt & Ilse Schulz

Frankfurt, Jankowskistraße 66

7. Juni 19____

Kirchliche Trauung um 10.00 Uhr in der Petrikirche

Heiratsanzeige in der Zeitung (Inserat der Eltern)

Wir geben die Hochzeit unserer Kinder

Ilse und Hannes bekannt

Hanna und Georg   &   Sabine und Franz

Schulz   Schmidt

Am Stadtrand 3   Hauptstraße 9

Frankfurt   Frankfurt

Glückwunsch zur Hochzeit (Inserat der Freunde)

Zur

Hochzeit

dem Traumpaar

Hannes und Ilse

alles Gute!

Eure Freunde

Geburtsanzeige (Inserat der Pateneltern)

Wir freuen uns

über die glückliche Geburt

unseres Patenkindes

Christian

7. Oktober 19____

Ilse und Hannes Schmidt

Frankfurt, Jankowskistraße 66

Traueranzeige (Inserat der Familie)

Nach langer Krankheit
verstarb unser lieber Vater und Bruder,
Karl Jacob Schmidt.
Er wird uns immer im Herzen bleiben.
Trauerfeier und Beisetzung am 10.11.19___
um 10.00 Uhr in der Petrikirche.
Es trauert seine Familie.

WORTSCHATZ
(Die Anzeige in der Zeitung)

Verben
bekannt·geben*   *to announce*
sich freuen über (A)   *to be happy about*
heiraten   *to marry*
versterben*   *to die, to pass away*

Substantive
die Beisetzung (-en)   *funeral*
die Geburt (-en)   *birth*
die Heiratsanzeige (-n)   *wedding announcement*
die Hochzeit (-en)   *wedding*

das Inserat (-e)   *announcement*
die Krankheit (-en)   *illness*
die Pateneltern   *godparents*
das Patenkind (-er)   *godchild*
die Traueranzeige (-n)   *death notice*
die Trauerfeier (-n)   *funeral ceremony*
das Traumpaar (-e)   *dream couple*
die Trauung (-en)   *wedding ceremony*

Übungen (Die Anzeige in der Zeitung)

1. Sie heiraten demnächst. Geben Sie eine Anzeige in der Zeitung auf!

2. Ihre Schwester ist gerade Mutter einer kleinen Tochter geworden. Gratulieren Sie ihr in einer Anzeige!

3. Ein Kollege von Ihnen heiratet. Schreiben Sie eine Anzeige!

Die Postkarte

Wenn man seine Deutschkenntnisse am schmerzlosesten üben möchte, kann man Postkarten schreiben. Selbst für Anfänger ist dies ein Kinderspiel. Rechts oben klebt man die Briefmarke drauf. Rechts darunter schreibt man die Anschrift des Empfängers. Links oben schreibt man die Anrede und das Datum. Auf die Ortsangabe kann man normalerweise verzichten, weil der jeweilige Ort auf der Postkarte genannt wird. Der Text ist kurz. Man beschreibt den Ort, die Umgebung, das Wetter, Land und Leute, das Essen etc. Der Gruß ist ebenfalls kurz, um Platz zu sparen. Manchmal findet man den Vermerk „Brief folgt". Das heißt nicht unbedingt, daß man einen Brief schreiben wird, aber daß man lange keinen geschrieben hat.

Postkarte aus dem Urlaub

10.1.19____

Liebe Carol! Lieber Charles!
    Viele Grüße aus dem heiteren Dresden! Bei klarem Himmel haben wir heute morgen einen Waldspaziergang gemacht. Nach dem Mittagessen geht es in die Gemäldegalerie, am Abend in die Semper-Oper. Fünf Stunden Wagner: „Die Meistersinger"—mal sehen, ob wir fünf Stunden durchhalten—Alles Gute!

Hans und Beate

Carol & Charles James
2019 St. Mark Street
Madison, Wisconsin
58711-1696
U S A

MIT LUFTPOST

Postkarte aus dem Kurzurlaub

6.8.19___

Liebe Carol! Lieber Charles!
   Herzliche Grüße aus unserem Kurzurlaub. Erholung
ist gesichert, wenn auch in
heimatlichen Gefilden. Wasser
ist sehr warm. Kinder sind
beschäftigt und die Umgebung
gibt keine Anstöße zu
Ärgernissen. Übrigens—guter
Fernsehempfang! Herzlichst

Lutz, Beate u. Kinder

Carol & Charles James
2019 St. Mark Street
Madison, Wisconsin
58711-1696
U S A

MIT LUFTPOST

WORTSCHATZ
(Die Postkarte)

Verben
kleben   *to stick, to glue*
verzichten auf (A)   *to do without*
sparen   *to save*

Substantive
die Gemäldegalerie (-n)   *art gallery*
der Genuß (ⁿsse)   *pleasure*
das Kinderspiel (-e)   *a piece of cake*
das Mittag (-e)   *lunch*

die Umgebung (-en)   *surroundings*
der Vermerk (-e)   *note*
das Ziel (-e)   *aim*

Adjektive
heiter   *sunny*

Sonstiges
Brief folgt   *letter follows*

Übungen (Die Postkarte)

1. Ergänzen Sie die folgende Postkarte. Benutzen Sie dabei Ausdrücke aus der Liste.

```
         ____.____.19____

Lieb__  _____!
  Herzliche Grüße aus
  _____. Ich bin z.Z.
  _____.¹ Das Wetter
ist _____,² aber es
gibt viel zu _____.³
Morgen reise ich weiter nach
____.
              _____
                           ⁴
         (gez.)                  MIT LUFTPOST
```

2. Sie machen eine Kreuzfahrt in der Karibik mitten im November. Schreiben Sie eine Karte nach Hause ins kalte Bayern!

---

¹*in Urlaub, auf Reisen, auf Dienstreise, auf Achse, unterwegs*

²*schön, regnerisch, gräßlich, neblig, trüb, ausgezeichnet, scheußlich, eisig, prima, herrlich*

³*tun, machen, sehen, erleben, erledigen, kaufen, vergessen*

⁴*Herzlichst, Alles Gute, Alles Beste, Bis bald, Tschüß*

Die Notiz und das Memorandum

Notizen über Rückgabe von ausgeliehenem Material

21.7.19____

Lieber Alfred!

Mit besten Dank möchte ich Dir die Beethovenkassette nun endlich zurückgeben. Sie hat mir gute Dienste geleistet. Wir haben die „Ode an die Freude" mehrstimmig gesungen. Es war toll!

Andrea

31.12.19____

Hallo Helmut!

Es grenzt an ein wahres Wunder, aber ich habe nun endlich daran gedacht, daß ich das Lexikon von Dir noch immer im Regal stehen habe. Lieben Dank für die wertvolle Leihgabe und entschuldige die verspätete Rückgabe.

Vanessa

Notizen über Telephonanrufe

Hallo Anne,

ruf' bitte Herrn Hasenclever/Firma Ring & Co sobald wie möglich
zurück. Er klang sehr nervös, weil beim Telefax 4 Seiten unleserlich
ankamen. Ruf noch vor der Mittagspause zurück.

Willy

Montag, 5. Juni 19___ 10:00

Hr. Mayer bittet dringend um Rückruf!

Schulz

Hallo Maria,

die Liebe muß schön sein! Dein Prinz hatte innerhalb von 2
Stunden schon 3x angerufen und nach Deinem Befinden gefragt. Sei so
gut und ruf' ihn zurück, sobald Du Dich hierher verirrst. Er schaltet
sonst noch den polizeilichen Suchdienst ein.

Karin

Hausmeister: über abzuholendes Paket

Lieber Herr Radetzky,

ich möchte Sie um einen Gefallen bitten. Da ich heute leider Tagdienst habe und von der Post ein Paket erwarte, habe ich eine Nachricht hinterlassen, daß das Paket bei Ihnen abzugeben wäre. Ich möchte Sie bitten, das Paket anzunehmen und die Zustellgebühr (3 DM) zu bezahlen.
Ich schaue am Abend nach der Arbeit bei Ihnen vorbei.

Lieben Dank

Frau Niederer

An den Zusteller

Lieber Postbote!

Bitte geben Sie das Paket im 1. Stock/Nr. 4 ab. Das ist die Wohnung unseres Hausmeisters. Er weiß Bescheid.

Danke

Herr Mohr

An die Hauspartei vom Hausmeister

Liebe Frau Niederer!

Der Postbote brachte das Paket. Sie können es jederzeit bei mir abholen, falls Sie nicht zu spät nach Hause kommen (bis 22:00).

Müller

Trautes Heim

Hallo Schatz!

Das Essen steht im Kühlschrank. Wärm' Dir den Auflauf und mach' Dir einen Salat dazu!

Bussi

Mäuschen,

habe leider einen Termin übersehen und komme nicht nach Hause. Wart' nicht mit dem Essen! Ich treffe Dich dann direkt vor dem Theater.

Dein
Schatz

Inga,

wenn Du von der Schule nach Hause kommst, führ' doch bitte Lulu spazieren. Er war heute nur kurz draußen. Ich mußte überraschend zu Oma. Bin aber am Abend wieder zu Hause.

Mutti

WORTSCHATZ
(Die Notiz und das Memorandum)

Verben

bitten* um (A)   *to ask for*
denken an (A)   *to think of*
ein·schalten   *to call in*
ersuchen   *to ask*
hinter·lassen*   *to leave behind*
klingen*   *to sound*
spazieren·führen   *to take for a walk*
übersehen*   *to overlook*
sich verirren   *to get lost*
zurück·geben*   *to return*

Substantive

der Auflauf (⁻e)   *casserole*
das befinden (k.P.)   *health, condition*
der Gefallen (-)   *favor*
der Hausmeister (-)   *manager of a building*
die Leihgabe (-n)   *loan*
das Lexikon (-a)   *encyclopedia*
die Mittagspause (-n)   *lunch break*
die Nachricht (-en)   *message*
der Postbote (-n)   *mailman*
der Prinz (-en)   *prince*
das Regal (-e)   *shelf*
die Rückgabe (-n)   *return*

der Rückruf (-e)   *return call*
der Suchdienst (-e)   *search party*
der Tagdienst (-e)   *duty during the day*
der Zusteller (-)   *mail carrier*
die Zustellgebühr (-en)   *delivery fee*

Adjektive

dringend   *urgent*
mehrstimmig   *for several voices*
toll   *super*
traut   *secure, cozy*
überraschend   *unexpected*
unleserlich   *unreadable*
verspätet   *belated*
wertvoll   *precious*

Sonstiges

an Wunder grenzen   *to border on a miracle*
Bescheid wissen*   *to know*
jdm. gute Dienste leisten   *to help someone*
Mäuschen   *dear*
mit bestem Dank   *thanks a lot*
Schatz   *dear*
so bald wie möglich   *as soon as possible*

Übungen (Die Notiz und das Memorandum)

1. Sie entschuldigen sich bei einem Freund/einer Freundin für die verspätete Rückgabe eines Buches!

2. Teilen Sie einem Arbeitskollegen mit, daß während Ihrer Mittagspause ein wichtiger Anruf reinkam!

3. Teilen Sie Ihrem Mitbewohner mit, daß seine Freundin bereits mehrere Male angerufen hat!

4. Der Postbote hat ein Paket für Ihren Nachbarn abgegeben. Benachrichtigen Sie Ihren Nachbarn mit einer kurzen Notiz!

5. Sie sind Mutter/Vater und mußten überraschend zu einem Termin. Hinterlassen Sie Ihren Kindern eine Nachricht!

Das Telegramm

Ankunft einer Freundin

---

komme sonntag. 12 Uhr. hauptbahnhof
uli

Glückwunsch

---

alles gute. denk an Dich.
thorsten

Bitte

---

brauche telefonnummer. bitte schicken.
anna

Nachricht

---

mutti krank. ruf an.
ina

WORTSCHATZ
(Das Telegramm)

Verben	*Substantive*
denken an (A) *to think of*	der Hauptbahnhof (⁻e) *main*
brauchen *to need*	*train station*
schicken *to send*	
an·rufen* *to call*	

Übungen (Das Telegramm)

1. Eine gute Freundin/guter Freund hat Geburtstag. Sie können sie/ihn nur per Telegramm erreichen. Senden Sie einen Gruß!

2. Ihre Eltern segeln gerade um die Welt. Ein Notfall ereignete sich, als die Großmutter nach einem Unfall ins Krankenhaus eingeliefert wurde. Senden Sie ein Telegramm!

3. Teilen Sie Ihren Verwandten mit, daß sich Ihre Ankunft bei ihnen verspätet! Statt am Sonntag kommen sie am Montag mit dem Abendzug.

Geschäftliche Briefe: Allgemeines

In den folgenden Kapiteln finden Sie Geschäftsbriefe, die eher den Schriftverkehr zwischen einer Privatperson und einer Firma repräsentieren, als die Korrespondenz zwischen zwei Firmen. Dies soll Ihnen dabei helfen, sich auch gegenüber Firmen und anderen offiziellen Stellen ausdrücken zu können.

Der Geschäftsbrief hat sich in den letzten 20 Jahren nicht nur in der Form, sondern auch inhaltlich geändert. Hat man vor einigen Jahren noch sehr viel umständlicher geschrieben, d.h. mit vielen Redewendungen und Floskeln, so kommt man heute schneller zur Sache und drückt sich viel direkter aus. Trotzdem bleibt die Sprache formell und an bestimmte Regeln gebunden. Auch für Deutsche ist das Schreiben eines Geschäftsbriefes nicht immer eine einfache Sache.

Die Bewerbung

Wenn man sich um eine Arbeitsstelle bewirbt, braucht man folgende Dokumente: Einen Lebenslauf, Abschlußzeugnisse, Empfehlungsbriefe bzw. Arbeitszeugnisse, und einen Bewerbungsbrief.

Der Lebenslauf

Das wichtigste Dokument ist der Lebenslauf. Hier macht man alle wichtigen Angaben zur eigenen Person. Dies kann entweder in „erzählender" Form oder in „tabellarischer" Form geschehen. In beiden Fällen muß der Lebenslauf mindestens folgende Angaben enthalten: Name, Geburtsdatum, Geburtsort, Schulbesuch, Ausbildung, Arbeitserfahrung, besondere Kenntnisse. Angaben über die eigene Familie (Eltern, Familienstand, Kinder u.dgl.) sind nicht notwendig.

Lebenslauf in Form eines zusammenhängenden Textes

Lebenslauf

Ich, Egon X., wurde am 23.11.19___, als viertes Kind des Kaufmanns Erich X und seiner Ehefrau Erika (geb. Y) in Ansbach geboren. Vom Herbst 1966 bis Herbst 1970 besuchte ich die Grundschule in Erlangen bis zur 4. Klasse. Dann ging ich auf das Rückert-Gymnasium in Effeltrich, das ich nach Abschluß der Sekundarstufe I im Herbst 1976 verließ.

Ich besuchte zwei Jahre die Berufsschule in Hagen, wo ich die Lehre mit der Kaufmannsgehilfenprüfung (mit Prädikat „gut") abgeschlossen habe. Ich habe drei Jahre in der Ausbildung bei der Firma H. gearbeitet.

Ich kann Englisch in Wort und Schrift und verfüge über Kenntnisse in Maschinenschreiben und Kurzschrift. Außerdem habe ich den Führerschein Klasse III.

Ich habe bereits als Bankkaufmann gearbeitet und suche mir eine meiner Ausbildung und Erfahrung entsprechende Arbeitsstelle.

Meine Frau, Elfriede, die ich 1980 heiratete, und ich haben zwei Kinder, Edda und Eduard.

Lebenslauf in tabellarischer Form

Stefan Klemper
Usbeker Straße 19
64567 Frankfurt am Main

Lebenslauf

Name	Stefan Klemper
Herkunft	Geboren am 23.04.19___ Vater: Karl Klemper, Bankkaufmann Mutter: Marianne Klemper, geb. Ulm, Schneiderin evangelisch
Schulbesuch	4 Jahre Grundschule in Frankfurt am Main 6 Jahre Realschule in Frankfurt am Main 1 Jahr Höhere Handelsschule in Frankfurt am Main

Kenntnisse	Englisch in Wort und Schrift Maschinenschreiben, 180 Anschläge in der Minute Kurzschrift, 140 Silben in der Minute
Praktische Tätigkeit	3 Ausbildungsjahre bei der Firma Hartmann & Sohn, Eisenwaren, Berger Straße 175, Frankfurt am Main
Prüfungen	Abschlußprüfung der Höheren Handelsschule Kaufmannsgehilfenprüfung, Prädikat „gut" Führerschein Klasse III

Frankfurt am Main, den 1. September 19——

Stefan Klemper

WORTSCHATZ
(Der Lebenslauf)

Verben
ab·schließen*   *to finish*
besuchen   *to attend*
heiraten   *to marry*
verfügen über (A)   *to be at one's*
   disposal
verlassen*   *to leave, finish*

Substantive
die Arbeitsstelle (-n)   *job*
die Ausbildung (-en)
   apprenticeship, education
der Bankkaufmann (⁻er)   *bank*
   clerk
die Ehefrau (-en)   *wife*
die Erfahrung (-en)   *experience*
der Führerschein (-e) (der Klasse
   III)   *driver's license (class III,*
   for cars)
die Grundschule (-n)   *elementary*
   school
das Gymnasium (-sien)   *high*
   school

der Kaufmann (⁻er)
   businessman
die Kaufmannsgehilfenprüfung
   exam for business assistant
die Kenntnis (-se)   *knowledge*
die Klasse (-n)   *grade*
die Kurzschrift (-en)   *shorthand*
die Lehre (-n)   *apprenticeship*
das Maschinenschreiben   *typing*
das Prädikat (-e)   *rating, grade*
die Sekundarstufe (-n)   *7-10th*
   grade

Adjektive
geboren   *born*

Sonstiges
(Englisch) in Wort und Schrift
   to be able to speak and write
   English

Übungen (Der Lebenslauf)

1. Schreiben Sie Ihren eigenen Lebenslauf. Setzen Sie passende Information über sich in die Lücken:

Lebenslauf

Ich, _____, wurde am ____.____._____ in _____

geboren. Von _____ 19___ bis _____ 19___ besuchte

ich die _____ (Schule) in _____ . Dann ging ich in die

_____ (Schule) in _____ , die ich nach Abschluß im

_____ (Jahreszeit/Monat) 19___ verließ.

Ich besuchte _____ Jahre die _____ (Berufsschule/

Universität) in _____ , wo ich _____ (Fach) studierte

und im Jahr 19___ abgeschlossen habe. Ich habe _____ Jahre bei

der Firma _____ gearbeitet.

Ich kann Englisch in Wort und Schrift und verfüge über

Kenntnisse in _____ . Außerdem habe ich _____ .

Ich habe bereits als _____ gearbeitet und suche mir eine

meiner Ausbildung und Erfahrung entsprechende Arbeitsstelle.

2. Schreiben Sie Ihren eigenen Lebenslauf in Form eines Textes.

3. Schreiben Sie Ihren eigenen Lebenslauf in Form einer Tabelle.

Der Bewerbungsbrief

In dem Bewerbungsbrief stellen Sie sich ihrem künftigen Arbeitgeber vor. Sie beziehen sich auf das Stellenangebot und erzählen kurz, warum Sie sich für die Stelle interessieren. Ein Beispiel:

Bewerbung um eine Stelle

Werner Neumann
Jakobistr. 34
23456 Hamburg

Hamburg, 2. April 19____

Kreditbank
Baum & Senne
Am Jungfernstieg 45
24578 Hamburg

Bewerbung als Kreditsachbearbeiter

Sehr geehrte Damen und Herren!

Sie suchen einen tüchtigen Bankkaufmann, und ich suche eine Stelle.

Ich bin	seit acht Jahren im privaten Bankgewerbe tätig, also Fachmann.
Ich kann	selbständig arbeiten und dabei auf praktische Erfahrungen in allen Sparten des Bankgeschäftes zurückgreifen. Mit der Abwicklung von Industriekreditgeschäften bin ich besonders vertraut.
Ich möchte	einen neuen verantwortungsvollen Wirkungskreis finden, gleichzeitig aber auch mein Gehalt verbessern. Deshalb würde ich mich freuen, wenn Sie mir die Gelegenheit zu einem Vorstellungsgespräch geben würden.

Hochachtungsvoll

W. Neumann

Anlagen
Lebenslauf
3 Zeugnisabschriften

WORTSCHATZ
(Der Bewerbungsbrief)

Verben
ein·stellen   *to employ*
suchen   *to search*
zurück·greifen* auf (A)   *to fall back on*
sich vor·stellen   *to introduce oneself*

Substantive
die Abwicklung (-en)   *dealing*
das Bankgewerbe (-)   *bank business*
die Bewerbung (-en)   *application*
die Erfahrung (-en)   *experience*
der Fachmann (⁻er)   *specialist*

das Gehalt (⁻er)   *wage, salary*
der Sachbearbeiter (-)   *person in charge*
die Sparte (-n)   *area, branch*
der Wirkungskreis (-e)   *sphere of activity*

Adjektive
selbstständig   *independent*
tüchtig   *competent*
verantwortungsvoll   *responsible*
vertraut mit   *familiar with*

Sonstiges
gleichzeitig   *at the same time*

Übungen (Der Bewerbungsbrief)

1. Schreiben Sie einen kurzen Bewerbungsbrief an eine Firma, in dem Sie sich kurz vorstellen und sich um eine Stelle bewerben. Folgendes ist ein Muster eines solchen Briefes.

_____ Str. _____

1234 _____

_____, den ___.___.19___

_____ & Co., GmbH

_____ Str. _____

9876 _____

Sehr geehrte Damen und Herren,

ich bewerbe mich auf Grund Ihrer Anzeige in der _____

Zeitung um die Stelle als _____. In der Anlage

übersende ich Ihnen eine Kopie meines Lebenslaufes sowie
Zeugnisse von früheren Arbeitgebern.

Ich wäre Ihnen für ein Vorstellungsgespräch in nächster Zeit
dankbar und verbleibe

Mit freundlichen Grüßen,
Ihr(e)

Anlage
Lebenslauf

____ Zeugnisse

2. Schreiben Sie einen ausführlichen Bewerbungsbrief, in dem Sie auch
   erklären, warum Sie sich für die neue Stelle interessieren. Beschreiben Sie auch, was sie können und welche Erwartungen Sie von der
   neuen Stelle haben!

Die Antwort auf eine Bewerbung

Obwohl Sie vielleicht nie im Leben einen Antwortbrief auf eine Bewerbung schreiben müssen, sollten Sie wissen, wie solche Briefe aussehen können. Positive sind meist länger, weil sie Auskunft über Einzelheiten der Arbeit enthalten. Negative sind zwar meistens freundlich, enthalten aber selten Gründe, warum man die gewünschte Stelle nicht bekommt.

Absage auf eine Bewerbung

UNIVERSITÄT BLEIFELD
Fakultät für Englische Sprache und Literaturwissenschaft

Dekanat
Der Dekan

Ruf (0434) 456-7
Durchwahl 789
Telex: 678 378 unibi

- Prof. Dr. Harold Hastig -

Bleifeld, den 21.6.19____

Sehr geehrter Herr Jakobsen,

ich bedaure, Ihnen im Auftrag der Fakultät für Englische Sprache und Literaturwissenschaft der Universität Bleifeld mitteilen zu müssen, daß Ihre Bewerbung um eine Stelle als wissenschaftlicher Assistent nicht zum Erfolg geführt hat.

Indem ich Ihnen für Ihr Interesse, das Sie unserer Fakultät mit Ihrer Bewerbung entgegengebracht haben, nochmals danke,

verbleibe ich
mit freundlichen Grüßen

H. Hastig

Zusage auf eine Bewerbung

Paul Gruber
Chalet Daheim
CH-3920 Zermatt
SCHWEIZ

Zermatt, den 30.5.19___

Frau
Norah Müller
Madison, Wisconsin 53777
U S A

Liebe Frau Müller,

zuerst möchte ich Ihnen recht herzlich für Ihren Brief danken. Es freut mich, daß Sie diese Wintersaison bei mir die Arbeit aufnehmen möchten. Hier die gewünschten Angaben:

1. Arbeitszeit täglich von 15.30 - 18.30 Uhr
   Sonntags frei
2. Lohn Fr. 200.— pro Woche
3. Studio vorhanden (Schlaf- und Kochgelegenheit)
4. Für die Nebenkosten des Studios (Strom, Wasser etc.) werden Fr. 40.— pro Woche vom Lohn in Abzug gebracht
5. Unfall- und Krankenversicherung sind vorhanden

Ich freue mich auf die Zusammenarbeit. Ich bin sicher, daß Ihnen die Arbeit gefallen wird. Für die Einreise in die Schweiz können Sie sich ab dem 1. Dezember 19___ vorbereiten. Die entsprechende Arbeitsbewilligung habe ich beantragt. Sobald ich im Besitze der Kopie der Bewilligung sein werde, gebe ich Ihnen die genaue Adresse des entsprechenden Konsulates bekannt.

Ich hoffe, Ihnen mit diesen Angaben gedient zu haben und verbleibe

mit freundlichen Grüßen

P. Gruber

WORTSCHATZ
(Die Antwort auf eine Bewerbung)

Verben
auf·nehmen*   *to take up*
bedauern   *to regret*
mit·teilen   *to inform*

Substantive
die Angabe (-n)   *information*
die Arbeitszeit (-en)   *working hours*
die Krankenversicherung (-en)   *health insurance*
der Lohn (-̈e)   *salary*
die Nebenkosten (pl.)   *utilities*
die Schlaf- und Kochgelegenheit (-en)   *room and board*
die Unfallversicherung (-en)   *accident insurance*
die Zusammenarbeit (k.P.)   *cooperation*

Adjektive
vorhanden   *available*

Sonstiges
es freut mich   *I am pleased to*
frei   *(time) off*
im Besitze sein von   *to be in possession of*
in Abzug bringen*   *to deduct*
jdm. Interesse entgegen·bringen*   *to show interest to s.o.*
nochmals   *again*
zum Erfolg führen   *to be successful*

Übungen (Die Antwort auf eine Bewerbung)

1. Stellen Sie sich vor, Sie hätten ein kleines Hotel und haben in der Zeitung für Küchenhilfen annonciert. Jetzt müssen Sie eine Absage an eine junge Frau/einen jungen Mann schreiben, die/der sich für diese Stelle interessiert hat!

2. Sie sind Besitzer eines kleinen Supermarktes und haben eine Stelle als Kassierer/in ausgeschrieben. Schreiben Sie einem Bewerber/einer Bewerberin eine positive Antwort!

Die Kündigung

Die Wörter „kündigen/die Kündigung" bedeuten im Deutschen das Auflösen eines Arbeitsverhältnisses. Wenn man sagt „Man hat mir gekündigt" oder „Mir ist gekündigt worden" meint man, daß man seine Arbeit
verloren hat. Manchmal ist es der Arbeitnehmer, der kündigt, um eine
andere (hoffentlich bessere) Stelle anzunehmen. Manchmal muß der Arbeitgeber aus verschiedenen Gründen einen Kündigungsbrief ausstellen.
Beachten Sie dabei bitte folgenden Unterschied im Sprachgebrauch.

Ich kündige meine Arbeit = Ich, der *Arbeitnehmer,* will die Arbeit
aufgeben; ich will nicht mehr hier arbeiten.

Ich kündige Ihnen (die Arbeit) = Ich, der *Arbeitgeber,* will, daß Sie
hier nicht mehr arbeiten; Sie müssen gehen!

Ein typisches Kündigungsschreiben vom Arbeitgeber

Sehr geehrte(r) Frau (Herr) X,

in den vergangenen sechs Monaten ist unser Umsatz stark
zurückgegangen, so daß wir eine Einschränkung des Betriebes leider
nicht mehr vermeiden können.

Wir bedauern daher sehr, Ihnen zum ____.____.19___ kündigen zu
müssen.

Es wird Ihnen hoffentlich bald gelingen, eine andere Beschäftigung zu
finden.

Mit den besten Wünschen für die Zukunft verbleibe ich

Mit freundlichen Grüßen,
Ihr(e)

Ein Kündigungsschreiben vom Arbeitnehmer

Franz Oppenhausen
Mainstr. 6
57890 Koblenz

Koblenz, 17. November 19____

Harris-Bank AG
Personalabteilung
Am Wasser West 56
54897 Koblenz

Kündigung

Sehr geehrte Damen und Herren!

In den vergangenen Jahren habe ich mich sehr eifrig um eine
Weiterbildung bemüht. Ich habe die Bilanzbuchhalterprüfung
bestanden und an einem Einführungslehrgang in EDV teilgenommen.
Jetzt möchte ich meine Kenntnisse in der Praxis anwenden.

Da Sie mir eine entsprechende Stelle in der Harris-Bank AG nicht
anbieten können, beabsichtige ich, eine andere Gelegenheit
wahrzunehmen.

Ich kündige meinen Anstellungsvertrag zum 31.12.19____ und bitte Sie,
mir ein Zeugnis auszustellen, in dem auch meine Leistungen beurteilt
werden.

Für das Wohlwollen, das Sie mir stets entgegengebracht haben, danke
ich Ihnen.

Hochachtungsvoll

F. Oppenhausen

WORTSCHATZ
(Die Kündigung)

Verben

auf·lösen   *to terminate*
auf·nehmen*   *to pick up*
sich bemühen um   *to make an effort*
bestehen*   *to pass*
entgegen·bringen*   *to show*
kündigen (D)   *to terminate, fire*
vermeiden*   *to avoid*
zurück·gehen*   *to decrease*

Substantive

der Anstellungsvertrag (⁻e)   *employment contract*
der Arbeitgeber (-)   *employer*
der Arbeitnehmer (-)   *employee*
die Beschäftigung (-en)   *job, work*
der Betrieb (-e)   *company*
die Bilanzbuchhalterprüfung (-en)   *accountant exam*
die Einschränkung (-en)   *restriction, limitation, staff reduction*

die Kenntnis (-se)   *knowledge*
die Kündigung (-en)   *notice of resignation*
die Leistung (-en)   *performance*
der Umsatz (⁻e)   *sales (revenue)*
die Weiterbildung (-en)   *continuing education*
das Wohlwollen (-)   *goodwill*
das Zeugnis (-se)   *personal review, recommendation*

Adjektive

eifrig   *eager*
entsprechend   *appropriate*

Sonstiges

es gelingt ihm/ihr   *he/she succeeds*
in der Praxis an·wenden*   *to apply in practice*
selbstverständlich   *of course, certainly*

Übungen (Die Kündigung)

1. Ergänzen Sie das folgende Kündigungsschreiben! Benutzen Sie Ausdrücke aus den Fußnoten.

Kündigung

Sehr geehrte(r) ————————————,

in dem/den vergangenen —— ————————[1] arbeitete ich bei

Ihnen. Ich möchte aber jetzt eine andere ————————[2]

wahrnehmen. Ich kündige daher mein ————————-verhältnis[3]

zum ——.——.19—— und bitte Sie, mir ein Zeugnis auszustellen,

in dem meine Leistungen beurteilt werden.

Für die ————————[4] Atmosphäre, die bei Ihnen im Betrieb

herrscht, danke ich Ihnen ————————[5].

Hochachtungsvoll

2. Schreiben Sie eine Kündigung, in der Sie kurz angeben, daß Sie Ihre Stelle aufgeben möchten, bis wann Sie gehen möchten und daß Sie ein Zeugnis erhalten möchten. Wir nehmen an, daß die Kündigung durch Sie erfolgt und daß Sie eine andere Arbeit in Aussicht haben!

---

[1]*Jahr, Jahren, Monat, Monaten, Wochen, Tagen*

[2]*Arbeit, Beschäftigung, Ausbildungsstelle, Arbeitsstelle, Angestelltenstelle, Gelegenheit*

[3]*Arbeits-, Angestellten-, Berufs-, Dienst-*

[4]*offene, aufgeschlossene, positive, freundliche, kollegiale*

[5]*sehr, herzlichst, aufs Herzlichste, freundlichst*

Das Zeugnis

Wenn Sie eine Stelle aufgeben, ob durch Kündigung oder nach Ablauf des Arbeitsvertrags, haben Sie das Recht auf ein „Zeugnis" oder ein Empfehlungsschreiben vom Arbeitgeber. Ein Beispiel:

UNIVERSITÄT FLÖTINGEN
Lehrstuhl für Angewandte Linguistik

84678 Flötingen
Am Markt 6
Telefon (06875) 67 56 8

- Bibliothek -

20. August 19____

Z e u g n i s

Herr Siegfried M E N E C K E, geb. 5.12.19____, hat in den Jahren von 1.4.19____ bis 28.2.19____ in den jeweiligen Winter- und Sommersemestern in der Institutsbibliothek als studentische Hilfskraft gearbeitet. Seine Hauptaufgabe bestand in der Betreuung der Institutsbibliothek, wo er für den Karteikatalog, die Leseraumaufsicht und die Bücherausleihe verantwortlich war.

Herr Menecke hat sich in den vier Jahren durch seinen Fleiß, seine Zuverlässigkeit und seine Sorgfalt ausgezeichnet. Ihm ist es zu verdanken, daß die Bibliothek in ihrer Aufbauphase die richtige Betreuung erhalten konnte. Seine überaus positive Einstellung zu den ihm gestellten Aufgaben hat das Arbeitsklima in angenehmer Weise beeinflußt. Wir bedauern, daß Herr Menecke aufgrund des Abschlusses seines Studiums die Tätigkeit in der Bibliothek aufgeben mußte, und wünschen ihm für die Zukunft alles Gute.

Johann Hennrich
Prof. Dr. Johann Hennrich

WORTSCHATZ
(Das Zeugnis)

Verben
sich aus·zeichnen mit   *to distinguish oneself*
bedauern   *to regret*
beeinflussen   *to influence*
bestehen* aus   *to consist of*

Substantive
der Abschluß (¨sse)   *diploma*
das Arbeitsklima   *working environment*
die Betreuung (-en)   *adviser*
die Einstellung (-en)   *attitude*
der Fleiß (k.P.)   *diligence*
die Hauptaufgabe (-n)   *main task*

die studentische Hilfskraft (¨e)   *student assistant*
die Zukunft (k.P.)   *future*
die Zuverlässigkeit (-en)   *reliability*

Adjektive
verantwortlich   *responsible*

Sonstiges
aufgrund (+ *gen.*)   *on account of*
geb. (geboren)   *born*
auf/in angenehme/r Weise   *in a pleasant manner*

Übungen (Das Zeugnis)

1. Ergänzen Sie das folgende Zeugnis mit Begriffen aus den entsprechenden Fußnoten!

Zeugnis für

Herr/Frau ——————, geboren am ——.——.19——

in ——————, war bei mir/uns vom ——.——.19—— bis ——.

——.19—— als —————— in unserer ——————-abteilung

tätig. Er/Sie wurde in ——————[1] des Betriebes beschäftigt

und hat die ihm/ihr übertragenen Arbeiten ——————[2]

ausgeführt/erledigt. Seine/Ihre Führung war stets einwandfrei.

---

[1] *allen, vielen, den meisten Abteilungen, Bereichen, Aspekten*

[2] *gewissenhaft, fleißig, begeistert, mit Interesse, mit Begeisterung, mit Fleiß, mit Gewissenhaftigkeit*

Herr/Frau —————————— verläßt uns auf eigenen Wunsch, weil

er/sie seine/ihre Kenntnisse in einem anderen ——————————[3]

erweitern will.

Wir wünschen ihm/ihr für die Zukunft ——————————[4].

2. Stellen Sie ein Zeugnis für einen/eine Mitarbeiter/Mitarbeiterin aus. Dies kann auch als Empfehlungsschreiben für einen/eine Studenten/ Studentin dienen.

---

[3]*Betrieb, Unternehmen, Geschäft*

[4]*alles Gute, das Allerbeste, alles Beste*

Die Buch- und Zeitschriftenbestellung

Zeitschriften und Zeitungen, Bücher, Schallplatten und andere Waren müssen oft schriftlich bestellt werden. Man füllt eine Bestellung aus und erhält die bestellten Produkte dann mit der Post.

Die meisten Zeitungs- und Zeitschriftenverlage bieten vorgedruckte Formulare an, die das Bestellen leichter machen. Ein typischer Bestellvordruck sieht wie folgt aus:

Vordruck einer Bestellkarte für Texthefte mit Cassette

Bestellkarte

Ich bestelle zur sofortigen Lieferung gegen Rechnung:

☐ 56789   Textheft „Deutsch im Urlaub" .... 21,—
☐ 56892   Satz mit zwei Compact-Cassetten zu 56789.
Beide Seiten besprochen.
Gesamtsprechzeit ca. 100 min. .... 18,—
☐ 57345   Wörterbuch Deutsch-Englisch .... 15,—
☐ 57824   Arbeitsbuch 21,80

Ort, Datum, Unterschrift

Bitte senden an:
J. Burmeister Verlag für Sprachenservice
z. Hd. Frau Minka
Wolliner Straße 85
78906 Stuttgart

Vordruck einer Bestellkarte für eine Zeitschrift

„Das Jugend-Magazin"-Vertrieb
Postfach 10001, 56437 Frankfurt a.M.

Hiermit wird um regelmäßige kostenlose Lieferung von ——— Exemplaren „das Jugend-Magazin" gebeten.

Adresse bitte in großen
Blockbuchstaben schreiben!

_____

Name der Schule

_____

Name des Lehrers

_____

Straße

_____

Ort (Postanschrift)

_____

Datum, Unterschrift

Mögliches Antwortschreiben des Verlages

Allgemeines Spracheninstitut Hann

An der Leine 4, 34672 Hann, Germany
Telefon: (0346) 34 67 82; Fax (0346) 56 39 06

19. April 19____
GK/js-395

Frau Liselotte Scheider
Gymnasium Athenaeum Kassel
Auf der Heide 56
35721 Kassel

Liebe Kolleginnen und Kollegen,

wir freuen uns, Ihnen mit getrennter Post als Dauerleihe je 1 Video „Deutschlandkunde" der sprachlich vereinfachten Fassung vom 3. und 4. Quartal 19____ zuschicken zu können und sind sicher, daß Sie dieses wichtige landeskundliche Material gewinnbringend in Ihrem Unterricht einsetzen können.

Mit freundlichen Grüßen

Gertrude Stein

Leiterin der Sprachabteilung

Abbestellen der Zeitung

Hein Mück
Fischmarkt 12
22845 Cuxhaven

Cuxhaven, den 2.3.19____

Cuxhavener Abendblatt
Zum Leuchtturm 34
22847 Cuxhaven

Abbestellung des Abendblattes

Sehr geehrte Damen und Herren,

hiermit möchte ich das Abonnement für das „Cuxhavener Abendblatt"
zum 1.4.19____ kündigen. Meine Kundennummer lautet 5671423.
Falls es Probleme gibt, so wenden Sie sich bitte an obenstehende
Adresse.

Mit freundlichen Grüßen

H. Mück

Hein Mück

WORTSCHATZ
(Die Buch- und Zeitschriftenbestellung)

Verben		*Substantive*	
ab·bestellen	*to cancel*	die Abbestellung (-en)	
ein·setzen	*to use*	*cancellation*	
kündigen	*to cancel*	das Abonnement (-s)	
lauten	*to state*	*subscription*	
sich wenden an (A)	*to turn*	die Bestellung (-en)	*order*
	to	der Blockbuchstabe (-n)	*block*
zu·schicken	*to send*	*letter*	

die Dauerleihe (-n) *standing loan*
die Kundennummer (-n) *customer number*
die Lieferung (-en) *delivery*
die Post (k.P.) *mail*
der Vertrieb (-e) *marketing, sale*

Adjektive
freibleibend *provisional*
getrennt *separate*

gewinnbringend *profitable*
kostenlos *free of charge*
regelmäßig *regular*
vereinfacht *simplified*

Sonstiges
gegen Rechnung *against amount billed*
zur sofortigen Lieferung *for immediate delivery*

Übungen (Die Buch- und Zeitschriftenbestellung)

1. Schreiben Sie einen Brief, in dem Sie etwas bestellen, nach dem folgenden Muster. Benutzen Sie Wörter aus den Fußnoten!

   Betr.: Bestellung einer/eines _____

   Sehr geehrte Damen und Herren,

   Ich bestelle auf Grund Ihrer/Ihres _____ ¹_____ ²

   _____ ³ _____ gegen Rechnung. Bitte schicken Sie

   _____ an die o.a. Adresse.

   Mit freundlichen Grüßen,

2. Kündigen Sie Ihr Abonnement für die wöchentliche Zeitschrift „The Mirror". Fassen Sie sich so kurz wie möglich!

---

¹*Anzeige in der Zeitung, Bestellkarte in der Zeitschrift_____ , Gutscheins in _____ , Bestellformulars, Katalogs*

²*(eine Zahl!)*

³*Exemplar, Exemplare, Paar, Paare usw.*

Die Rechnung

Sie bekommen das bestellte Produkt häufig mit einer Rechnung. In den meisten Fällen können Sie zu einer amerikanischen Bank gehen und eine Überweisung in Auftrag geben. Folgende Information muß in einer typischen Rechnung stehen.

Kunden-Nr. = die Nummer, unter der sie die Firma als Kunde führt.

Rechnungs-Nr. = die Nummer der Rechnung, die Sie angeben müssen, damit Ihre Bezahlung richtig gebucht wird.

Rechnungsdatum = das Datum, an dem die Rechnung ausgestellt wurde. Sie müssen in den meisten Fällen innerhalb von 30 Tagen die Rechnung „netto" (d.h., nach Abzug etwaiger Ermäßigungen) bezahlen. Achten Sie auf Ausdrücke wie „Zahlbar innerhalb von 30 Tage(n) netto".

Bestelldatum = das Datum, an dem Ihre Bestellung bei der Firma eingegangen ist.

Bestellzeichen = die Bezeichnung (meistens eine Nummer) Ihrer Bestellung.

Bankverbindung und Kto.-Nr. = der Name der Bank und das Bankkonto der Firma, auf das sie das in Rechnung gestellte Geld überweisen müssen.

Beispiel einer Rechnung auf Vordruck

FLUNKER VERLAG GMBH & CO KG

IM TALE 23 67543 Beul
Tel. 6752-44778856
Telex 29-77 975

BAG + V-Nr. 1209 6   Schweizer Bank CH 80.34 Zürich
                                      Kto.-Nr. PP-414 359

Flunker Verlag GmbH & CO KG Im Tale 23, 67543 Beul	** FACTURE / INVOICE ** *** R E C H N U N G ***
414100374107766 Johanna Breit Univ. of Wisconsin-Madison Department of German 101 Van Hise Hall Madison, Wisconsin 36002 USA	 Bei Zahlungen und Schriftwechsel bitte unbedingt angeben !
Bestelldatum Bestellzeichen	Rechnung Nummer Kunden Nummer 40 410.897 Rechnungsdatum 16.02.19___

Anzahl	Titel-/Artikelbezeichnung	Einzel- laden- Preis	minus Rabatt	Versand- kosten- anteil	Gesamtpreis in DM	
1	D.Fremdspr.Unterr. NR. 93-NR. 98 Jahresheft 19___	63,00 18,40		11,00	74,00 18,40	

Der Rechnungsbetrag kann nach Ihrer Wahl in DM		92,40 DM
oder SFR überwiesen werden	SFR 77,74	

Zahlbar innerhalb 30 Tagen netto

Beispiel einer Rechnung in Briefform

Language Institute Rahlstedt
Wollin 34, 34672 Rahlstedt, Germany
Tel. (03231) 34 67 21, Fax (03231) 56 12 06

Johanna Breit   6. November 19____
University of Wisconsin-Madison   GK/js-841
Department of German
101 Van Hise Hall
222 Linden Dr.
Madison, WI 36002
USA

Betr.: Abrechnung der Reisekosten für die AAUSC-Konferenz 19____

Liebe Kolleginnen und Kollegen,

anbei erhalten Sie den Euroscheck Nr. ___7374___ über DM ___189,00___.

Die Abrechnung geschieht auf der Grundlage, daß bis zu Dollar 100,—
total übernommen werden und der verbleibende Betrag zu 50% gedeckt
wird.

Wir danken Ihnen für Ihr Interesse und Ihre Unterstützung des Faches
Deutsch und hoffen, daß Sie auch in Zukunft aktiv in dieser
Organisation mitarbeiten werden.

Mit den besten Wünschen für die Zukunft,
Ihre

Gabi Schwerdtfeger
Leiterin der Sprachabteilung

Anlage
Scheck

WORTSCHATZ
(Die Rechnung)

Verben
an·geben*   *to give*
aus·stellen   *to make* or *write out*
begleichen*   *to pay*
buchen   *to enter into an account*
decken   *to cover*
übernehmen*   *to undertake to pay*
überweisen*   *to transfer money*

die Bezahlung (-en)   *payment*
der Einzelladenpreis (-e)   *retail price*
die Emäßigung (-en)   *discount*
der Gesamtpreis (-e)   *total cost*
die Rechnung (-en)   *bill, invoice*
die Überweisung (-en)   *transfer*
die Versandkosten (pl.)   *postage and shipping*

Substantive
die Abrechnung (-en)   *bill, payment*
der Abzug (⁻e)   *deduction*
die Anlage (-n)   *enclosure*
die Anzahl (k.P.)   *number*
die Artikelbezeichnung (-en)   *item description*
die Bankverbindung (-en)   *particulars of one's bank*
das Bestelldatum (-daten)   *date of order*
der Betrag (⁻e)   *amount*

Adjektive
maschinell   *by machine*
verbleibend   *remaining*

Sonstiges
anbei   *enclosed*
auf der Grundlage   *on the basis*
DM   *Deutsche Mark*
etwaig . . .   *possible*
innerhalb   *within*
Kto.-Nr. (Kontonummer)   *bank account number*
SFR   *Swiss Francs*

Übungen (Die Rechnung)

1. Beantworten Sie folgende Fragen bezüglich der Abrechnung vom Hermann Verlag (Beispiel der Rechnung auf Vordruck, S. 82):
   a. Was wurde bestellt?
   b. Wie lautet die Adresse des Kunden?
   c. Wie lautet die Kundennummer?
   d. Wann wurde die Rechnung ausgestellt?
   e. Wie lautet die Bankverbindung des Verlages?
   f. In welcher Währung soll die Rechnung beglichen werden?
   g. Wieviel Zeit hat der Kunde, um die Rechnung zu begleichen?

2. Schreiben Sie eine Rechnung an einen Teilnehmer eines Wochenendseminars. Schließen Sie Reisekosten, Unterkunft und Essen mit ein!

Die Mahnung

Sollten Sie eine Rechnung nicht rechtzeitig bezahlen, erhalten Sie vielleicht eine sogenannte „Mahnung" von der jeweiligen Firma. Manchmal sieht das Formular genauso aus wie eine normale Rechnung, ergänzt um das Wort „MAHNUNG". Manchmal wird ein Brief geschrieben, in dem man auf den „Zahlungsrückstand" hingewiesen wird. Wenn Sie die Rechnung bereits bezahlt haben, können Sie die Mahnung selbstverständlich ignorieren.

Beispiel einer Mahnung auf Vordruck

FLUNKER VERLAG GMBH & CO KG
IM TALE 23 67543 Beul
Tel. 6752-44778856
Telex 29-77 975

Schweizer Bank CH 80.34 Zürich
Kto.-Nr. PP-414 359

Flunker Verlag GmbH & CO KG Im Tale 23, 67543 Beul	*** 1. M A H N U N G ***
414100374100377	
Johanna Breit Univ. of Wisconsin-Madison Department of German 101 Van Hise Hall Madison, Wisconsin 36002 USA	* 1. REMINDER * 1. RAPPEL *
	Bei Zahlungen und Schriftwechsel bitte unbedingt angeben !
Bestelldatum Bestellzeichen	Rechnung Nummer Kunden Nummer 40 410.897 Mahnungsdatum 3.04.19____

Anzahl	Titel-/Artikelbezeichnung	Betrag in DM
1	ABO D.Fremdspr.Unterr. bis Dezember 19____ Mahngebühr	92,40 0,00
	Der Rechnungsbetrag kann nach Ihrer Wahl in DM oder in SFR überwiesen werden SFR 76,99	92,40 DM

Zahlungen sind bis 28.03.19____ berücksichtigt

Beispiel einer Mahnung in Form eines Briefes

LARS & SOHN GMBH
BAUMUNGER NACHRICHTEN U. TAGBLATT
STADTDRUCKEREI

Postfach
Innere Brucker Str. 8/10
85201 Baumung
Tel. 0873/45685

SPARKASSE BAUMUNG
BLZ. 76321100
KTO. 4677

Babsie Möller
Untere Karspüle 118
76893 Nürnberg

00/000/000

Ihre Kunden-Nummer:　367566　　Datum:　31.08.___　　Seite:　1

Sehr geehrter Kunde,

bei Überprüfung Ihres Kontos mußten wir leider einen
Zahlungsrückstand für Zeitungsgebühren feststellen.

| Belegangaben | | | | Fällig- | |
Nr.	Datum	Belegart	Text	Mahnstufe	Betrag
23/982553	01.07.___	10	A.Rechnung	1	35,70 S
	31.07.___				
		Gesamtbetrag der Mahnstufe:		1	35,70 S
		Gesamtsumme:			35,70 S DM
	Der Gesamtsaldo Ihres Kontos beträgt:				35,70 S DM

Zahlungseingänge wurden bis zum: 31.08.___ berücksichtigt.

Wir bitten Sie nun, den o.g. Betrag bald an uns zu überweisen, damit
Ihr Konto wieder auf dem laufenden ist.
Sollte ein Irrtum unsererseits vorliegen, so bitten wir Sie, sich mit uns
in Verbindung zu setzen.

Hochachtungsvoll

R. Lars

WORTSCHATZ
(Die Mahnung)

Verben
berücksichtigen   *to take into account*
erhalten*   *to receive*
fest·stellen   *to realize*
vor·liegen*   *to exist*

Substantive
die Artikelbezeichnung (-en)
   item description
der Beleg (-e)   *receipt*
das Bestelldatum (-daten)   *date of order*
die Firma (Firmen)   *company*
die Gebühr (-en)   *fees*
der Gesamtsaldo (-salden)   *total balance*
der Irrtum (-er)   *error*
das Konto (Konten)   *account*
die Mahngebühr (-en)   *reminder fee*

die Mahnstufe (-n)   *level of reminder*
die Mahnung (-en)   *reminder*
die Überprüfung (-en)   *check*
der Zahlungseingang (-e)
   received payment
der Zahlungsrückstand (-e)
   arrears

Sonstiges
auf dem laufenden sein   *to be up-to-date*
o.g. (oben genannt)   *mentioned above*
rechtzeitig   *on time*
sich mit jm. in Verbindung
   setzen   *to contact s.o.*
sogenannt   *so called*

Übungen (Die Mahnung)

1. Beantworten Sie folgende Fragen bezüglich der Mahnung vom Flunker Verlag (Beispiel der Mahnung auf Vordruck, S. 87):
   a. Wie hoch ist die Mahngebühr?
   b. Wann wurde die Mahnung ausgestellt?
   c. Um die wievielte Mahnung handelt es sich?
   d. Bis wann wurden vorherige Zahlungen berücksichtigt?

2. Ein Teilnehmer an einem Wochenendseminar hat immer noch eine offene Rechnung zu begleichen. Schreiben Sie ihm/ihr eine Mahnung, in dem Sie ihn/sie freundlich auf die verspätete Zahlung aufmerksam machen! Die Rechnung enthält Kosten für die Reise, Unterkunft und Verpflegung.

Der Beschwerdebrief

Wenn man Zeitungen oder Zeitschriften nicht pünktlich erhält oder bestellte Waren beschädigt geliefert werden, kann man seinem Ärger in einem Beschwerdebrief Ausdruck verleihen.

Reklamation wegen einer defekten Kaffeemaschine

Liselotte Schröder
Im Blumental 7
23456 Bremen

Bremen, den 25.8.19____

Versandhaus Bußacker
Postfach 234
89675 Stuttgart

Sehr geehrte Damen und Herren,

vor einem Monat habe ich bei Ihnen eine Kaffeemaschine der Marke „Phoenix" bestellt. Ich bin empört, denn bereits nach kurzer Zeit versagte nicht nur das Thermostat, sondern auch der eingebaute Filter, den Sie in Ihrer Werbung besonders gepriesen haben, ließ zu viel Kaffeepulver durch.

Ich bitte entweder um eine neue Maschine oder um Rückzahlung des Kaufpreises. Anbei finden Sie die Maschine und eine Kopie der Rechnung.

Mit freundlichen Grüßen

L. Schröder

Liselotte Schröder

Beschwerde über eine verspätete Lieferung

Café Rose
Gerhard Meier
Auf der Chaussee 145
29007 Hamburg

Hamburg, den 23.4.19___

Teehaus Jasmin AG
Versandabteilung
Ennigerstr. 23 a
28567 Bremen

Sehr geehrte Damen und Herren,

mit diesem Schreiben möchte ich Sie freundlich darauf aufmerksam machen, daß, obwohl bereits 2 Monate seit meiner Bestellung von 500 kg Tee vergangen sind, bisher noch keine Lieferung bei uns eingegangen ist.

Die Konsequenzen, die sich daraus ergeben, sind immens. Ich verliere täglich mehr Kunden und sehe mich deshalb gezwungen, die Bestellung hiermit zu annullieren.

Mit freundlichen Grüßen
Café Rose

Meier

Gerhard Meier

Ein Student beschwert sich bei einem Professor über eine schlechte Note

---

Mannheim, den 5. Juli 19___

Lieber Herr Prof. Agnew!

Ich möchte Sie dringend wegen meiner Zensur sprechen. Ich war sehr enttäuscht, daß ich nur eine Drei bekam. Meine schriftlichen Arbeiten waren doch mit „Gut" bewertet und meine Hausaufgaben habe ich pünktlich abgeliefert. Ich habe sogar freiwillig ein Referat gehalten, das Ihnen doch auch zu gefallen schien. Den Unterricht versäumte ich fast nie und bemühte mich, Ihre Fragen zu beantworten.

Ich nehme an, daß meine Abschlußarbeit katastrophal war. Ich würde gern einen Termin mit Ihnen vereinbaren, um darüber zu sprechen.

Mit freundlichen Grüßen

Michael Paulus

WORTSCHATZ
(Der Beschwerdebrief)

Verben	*Substantive*
aufmerksam machen auf (A) *to draw attention to*	die Abschlußarbeit (-en) *final exam*
sich beschweren über (A) *to complain*	der Alltag (-e) *everyday life*
	das Ärgernis (-se) *offense*
bestellen *to order*	die Bestellung (-en) *order*
durch·lassen* *to let through*	der Kaufpreis (-e) *purchase price*
ein·gehen* *to arrive*	
preisen* *to praise*	der Kunde (-n) *customer*
vereinbaren *to arrange*	die Lieferung (-en) *delivery*
versagen *to fail*	das Mißverständnis (-se)
versäumen *to miss*	*misunderstanding*

die Note (-n) *grade*

die Rechnung (-en) *bill, invoice*

das Referat (-e) *presentation*

das Schreiben (-) *official letter*

die Zensur (-en) *grade*

Adjektive

dringend *urgently*

empört *outraged*

enttäuscht *disappointed*

täglich *daily*

verspätet *belated*

Sonstiges

anbei *enclosed*

bereits *already*

entweder . . . oder

either . . . or

sich gezwungen sehen* *to be forced to*

Übungen (Der Beschwerdebrief)

1. Sie haben sich bei einem Versandhaus einen Pullover bestellt, der nach dem ersten Waschen eingelaufen ist, obwohl Sie sich genau an die Waschanweisungen gehalten haben. Schreiben Sie dem Versandhaus und verlangen Sie ihr Geld zurück!

2. Zwei Monate sind seit Ihrer Bestellung eines Buches vergangen. Jetzt haben Sie keinen Gebrauch mehr für dieses Buch und machen Ihre Bestellung beim Verlag rückgängig!

3. Beschweren Sie sich bei Ihrem Deutschlehrer über eine ungerechte Note. Seien Sie vorsichtig, Sie wollen nicht zu aufdringlich wirken!

Die Reservierung

Nicht immer kann man eine Reservierung per Telefon erledigen. Muß man schriftlich reservieren, sollte man darauf achten, daß alle Ankunfts- und Abfahrtzeiten aufgelistet werden und daß die Angaben über die Anzahl der Personen korrekt sind.

Schreiben an das Fremdenverkehrsamt

Esther Hottenrott
Lilienstr. 14
21684 Stade

Stade, den 7.11.19____

Fremdenverkehrsamt Tüssen
Niedertal 5
87543 Tüssen

Sehr geehrte Damen und Herren,

mein Mann und ich interessieren uns für einen Winterurlaub in Tüssen. Wir bitten Sie, uns an die o.g. Adresse Informationsmaterial über Hotels, Skigebiete und andere Freizeitaktivitäten zu schicken.

Ich danke Ihnen im voraus für Ihre Mühe.

Mit freundlichen Grüßen

Esther Hottenrott

Hotelreservierung

Esther Hottenrott
Lilienstr. 14
21684 Stade

Stade, den 5.9.19___

Hotel Adlerhorst
Neststr. 34
87542 Tüssen

Sehr geehrte Damen und Herren,

ich möchte gern ein Doppelzimmer mit Bad und Vollpension bei Ihnen
buchen. Mein Mann und ich werden am Abend des 25. Dezembers
19___ ankommen und planen, am 6. Januar 19___ abzureisen. Wir
würden ein Zimmer mit Blick auf die Berge bevorzugen.

Ich bitte um baldige Bestätigung.

Mit freundlichen Grüßen

Esther Hottenrott

Schreiben an ein Museum

Heinrich Ostermann
Gymnasium Athenaeum
Freiburgerstr. 134
35789 Hannover

Museum für Geschichte
Museumsstr. 78
35712 Hannover

Sehr geehrte Damen und Herren,

am Donnerstag den 13.4.19___ plane ich eine Besichtigung Ihres Museums mit meinem Geschichtskurs. Es handelt sich hierbei um 21 Schüler der 12. Klasse. Ich möchte Sie bitten, uns ab 9 Uhr einen Museumsführer zur Verfügung zu stellen und den Diavortrag über die Ausgrabungen auf dem Marktplatz hier in Hannover zu zeigen. Ich danke Ihnen im voraus.

Mit freundlichen Grüßen

Ostermann

WORTSCHATZ
(Die Reservierung)

Verben
auf·passen   *to pay attention*
bereit·stellen   *to provide*
bevorzugen   *to prefer*
buchen   *to book*
erledigen   *to take care of*

Substantive
die Abfahrt (-en)   *departure*
die Ankunft (¨e)   *arrival*
die Ausgrabung (-en)   *excavation*
die Besichtigung (-en)   *visit, sightseeing*

die Bestätigung (-en)   *confirmation*
der Diavortrag (¨e)   *slide show*
das Fremdenverkehrsamt (¨er)   *tourist information center*
die Vollpension (-en)   *full board*

Adjektive
baldig   *soon*

Sonstiges
es handelt sich um   *it is a matter of*
im voraus   *in advance*

Übungen (Die Reservierung)

1. Sie interessieren sich für einen 2-wöchigen Aufenthalt auf der Insel Sylt und schreiben an das dortige Fremdenverkehrsamt für mehr Auskunft!

2. Sie schreiben an die Jugendherberge auf Sylt und reservieren Betten für sich und Ihre Freunde!

3. Sie planen einen Rathausbesuch mit Ihrem Kegelverein. Schreiben Sie an das Rathaus und bitten Sie um eine Führung für Ihre Gruppe!

Der Leserbrief

Manchmal gefällt einem nicht, was in der Zeitung steht. Ein Artikel enthält falsche Informationen oder ein Kommentar widerspricht der eigenen Meinung—dann schreibt man vielleicht einen Leserbrief.

Rechtlose Tiere

Es ist ein Skandal, was die Beagles, die mit dem Schiff von England nach Deutschland transportiert werden, erleiden müssen. Politiker und Kirchen sehen zu, wie wehrlose Tiere grausam gefoltert werden. Niemand fühlt sich zuständig. Man kann nur hoffen, daß ihr lobenswerter Artikel dazu beiträgt, die zuständigen Behörden aufzurütteln. Wie würden sich denn die Herren Politiker fühlen, wenn sie mehrere Tage ohne Licht und Wasser in engen Käfigen durch die Gegend gefahren würden?

Andrea Fischer, Bad Lippspringe

Psychisch krank

Ich war selbst lange Zeit psychisch krank. Ich habe nicht nur meinen
Beruf aufgeben müssen, sondern auch die Beziehung zu meiner
langjährigen Partnerin. Mein Selbstbild ging mir verloren. Dann bin ich
auf die „Emotions Anonymous" gestoßen. Sie haben mir geholfen, ein
neues Leben zu beginnen. Heute bin ich ein glücklicher Mensch,
verheiratet und Vater von fünf Kindern. Ihre Kritik an den EA's finde
ich ungerechtfertigt und polemisch. Das kann nur jemand geschrieben
haben, der keine Ahnung hat. Ich kann nicht verstehen, wie eine
seriöse Zeitung so einen Bericht veröffentlichen kann.

Carsten Eberle, Knuffingen

Absurde Militärmanöver

Ich habe in Ihrer ausgezeichneten Reportage über die anstehenden
Militärmanöver gelesen, daß die Bundeswehr unter anderem das
Auftanken von Flugzeugen in der Luft üben will. Und das über
Nürnberg, einer Stadt mit einer halben Million Einwohnern! Ich finde
das ungeheuerlich. Die Auskünfte des Verteidigungsministeriums sind
eine Frechheit. Ich bin auch nicht der Meinung von Oberst Müller-
Platt, der diese Manöver für absolut notwendig und vollkommen
ungefährlich hält.

B. Heitmann, Nürnberg

Ich möchte Herrn Oberst B. Müller-Platt mit dem Sinnspruch—Dumm
und laut tut doppelt weh—auf das herzlichste grüßen!

Frank Bußacker, Öhlmühle

WORTSCHATZ
(Der Leserbrief)

Verben
bedauern   *to regret*
erleiden*   *to suffer from*
ertragen*   *to bear*
gut·tun*   *to be wise*
sich kümmern um   *to take care of*

Substantive
die Folterung (-en)   *torture*

der Sinnspruch (⁻e)   *maxim, motto*
das Verteidigungsministerium (-rien)   *defense department*

Adjektive
dumm   *stupid*
lobenswert   *praiseworthy*
wehrlos   *defenseless*

Übungen (Der Leserbrief)

1. Suchen Sie sich einen Artikel aus der lokalen Zeitung und schreiben Sie einen kurzen Leserbrief!

2. Antworten Sie auf einen der Leserbriefe in den Beispielen!

Das Memorandum

Mit einem Memorandum lassen sich Informationen und Nachrichten
kurz und präzise mitteilen und weitergeben. Dazu zwei Beispiele:

Ein Memo als Einladung

MEMO

AN: Alle, die gern regelmäßig Deutsch sprechen
wollen

VON: Rosemarie Langhorn
(Auf Anregung alter und neuer Freunde und
KollegInnen)

BETR.:   Mittagstischgespräche

Ab 16. November versuchen wir's mal mit einem
deutschen Mittagstisch,
jeden Donnerstag ab 12 Uhr 15 im Tripp Commons, Memorial
Union. Wer Lust hat, kommt einfach. Ein großer Tisch
wird reserviert.

Vorschläge, Fragen, Information unter 222-2468.

Bis dann,

Rosemarie

Ein Memo zum Ankreuzen

MEMO
_____ , den _____

An: _____   Von: _____

Betreff: _____

____ Mit Dank zurück

____ Zum Verbleib

____ Unter Bezugnahme auf Ihr/Dein Schreiben vom _____

____ Unter Bezugnahme auf unser(e) Gespräch(e) vom _____

____ Akte: _____

Mit der Bitte um ____ Kenntnisnahme

_____ ____ Erledigung

_____ ____ Stellungnahme

_____ ____ Unterschrift

_____ ____ Rückmeldung

_____ ____ Rückgabe

_____ ____ Verteilung an:

_____ ____ Weitergabe an:

_____

_____

_____

____ Termin: _____

____ wichtig!   ____ eilt!   ____ erledigt!

WORTSCHATZ
(Das Memorandum)

Substantive
die Akte (-n) *file*
die Anregung (-en) *suggestion*
die Erledigung (-en) *solution, settlement*
die Kenntnisnahme (-n) *attention*
das Memo (Memorandum) *memorandum*
die Mitteilung (-en) *announcement*
die Rückgabe (-n) *return*
die Rückmeldung (-en) *notification*
die Stellungnahme (-n) *opinion*
das Stillschweigen (k.P.) *silence*

das Verständnis (-se) *understanding*
die Weitergabe (-n) *passing-on*

Adjektive
aussichtslos *hopeless*
eilt *urgent*
erledigt *finished*
geduldig *patient*
regelmäßig *regular*
wichtig *important*

Sonstiges
bislang *so far*
unter Bezugnahme *with reference to*

Übungen (Das Memorandum)

1. Erinnern Sie Ihre KollegInnen daran, daß Sie sich einmal pro Woche zur Lagebesprechung der Firma treffen! Fassen Sie sich kurz in Ihrem Memo!

2. Schreiben Sie ein kurzes Memo an Ihren Kollegen, um ihn/sie daran zu erinnern, daß Sie sich zum Mittagessen treffen!

Wortschatz
Deutsch–Englisch

A

ab from this point (time, place)
die Abfahrt (-en) departure
die Abkürzung (-en) abbreviation
die Abrechnung bill, payment
der Absatz paragraph
abschließen to finish **der Abschluß
(-̈sse)** diploma
der Absender (-) return address
der Abzug (-̈e) deduction
addieren to add (up)
das Adjektiv (-e) adjective
die Adresse (-n) address
die Akte (-n) file
alle everyone, all *(+ plural)*
alles everything
alt old
der Alltag *(k.P.)* everyday life
das Alter age
Amerika America **amerikanisch**
American
an to **an den Bürgermeister** to the
mayor
anbei enclosed
anbieten to offer
anfangen to begin **der Anfang (-̈e)**
beginning
anführen to lead
der Anführungsstrich (-e) quotation
mark
die Angabe (-n) information
angeben to give (reasons, one's
name, address, etc.)
angenehm pleasant
ankommen to arrive
die Ankündigung (-en)
announcement
die Ankunft (-̈e) arrival
die Anlage (-n) enclosure
anläßlich on the occasion of
anmerken to note, to comment **die
Anmerkung (-en)** note, footnote,
comment

annehmen to accept
die Annonce (-n) announcement
anonym anonymous
anreden to address **die Anrede (-n)**
(form of) address
die Anregung (-en) suggestion
ansagen to announce
die Anschrift (-en) address
der Anstellungsvertrag (-̈e)
employment contract
anstoßen to drink a toast
die Antwort (-en) answer
anwenden to apply
arbeiten to work **der Arbeiter/die
Arbeiterin (-/-nen)** worker *(m/f)*
**der Arbeitgeber/die
Arbeitgeberin (-/-nen)** employer
(m/f) **der Arbeitnehmer/die
Arbeitnehmerin (-/-nen)** employee
(m/f) **das Arbeitsklima** *(k.P.)* work
(-ing, -place) atmosphere **die
Arbeitstelle (-n)** job, position **die
Arbeitszeit (-en)** working hours
das Ärgernis (-se) offense
die Artikelbezeichnung (-en) item
description
aufgrund *(G)* on account of, because
auflösen to dissolve, to break up
die Aufmerksamkeit *(k.P.)* attention
aufmerksam attentive
aufnehmen to record, to take up
aufpassen to pay attention
die Ausbildung (-en)
apprenticeship, education
der Ausflug (-̈e) field trip, excursion
ausgeben to distribute, to spend
die Ausgrabung (-en) excavation
die Auskunft (-̈e) information
ausmachen to agree
auspacken to unpack
aussprechen to express (oneself)
ausrufen to call out, to exclaim **das
Ausrufezeichen (-)** exclamation
point

aussichtslos hopeless
ausstellen to display
auszeichnen to distinguish (oneself),
to excel **ausgezeichnet** excellent
der Autor/die Autorin (-en/-nen)
author *(m/f)*

B

baldigst soon
die Bank (-en) bank **die
Bankverbindung (-en)** particulars
of one's bank
beantworten to answer
(correspondence, a question)
bedauern to regret
beeinflussen to influence
das Befinden *(k.P.)* health, condition
beginnen to begin
begleichen to pay, to settle
begnügen mit *(D)* to content
(oneself) with
begrüßen to greet
beilegen to enclose
das Beisammensein *(k.P.)* being
together
die Beisetzung (-en) funeral
das Beispiel (-e) example
der Bekannte (-n) acquaintance
der Beleg (-e) receipt
(sich) bemühen to go to the trouble
of, to make an effort **das Bemühen/
die Bemühung (-en)** effort
bereitliegen to be at hand
bereitstellen to provide
berücksichtigen to take into
consideration
(sich) beschäftigen mit to occupy
oneself with **die Beschäftigung
(-en)** job, task
beschreiben to describe **die
Beschreibung (-en)** description
beschweren to complain
die Besichtigung (-en) viewing, visit,
sightseeing
der Besitz (-e) possession
besser better
die Bestätigung (-en) confirmation
bestehen to pass (an exam)
bestellen to order **das Bestelldatum
(-daten)** order date **die Bestellung
(-en)** order

besuchen to visit
der Betrag ($\ddot{\text{}}$e) contract
betreffen to concern, to consider **der
Betreff** *(Betr.)* concerning,
regarding
die Betreuung (-en) advice
der Betrieb (-e) company
die Betroffenheit (-en) dismay,
consternation
(sich) bewerben um to apply for **die
Bewerbung (-en)** application **das
Bewerbungsformular (-e)**
application form
die Bezahlung *(u.P.)* payment
der Bezug ($\ddot{\text{}}$e) reference
die Bilanz (-en) balance
bleiben to stay
die Blitzantwort (-en) immediate
response/answer (lightning quick)
der Blockbuchstabe (-en) block
capital letter
brandeilig very urgent
der Brief (-e) letter **der Briefgruß
($\ddot{\text{}}$e)** salutary closing (letter) **der
Briefinhalt (-e)** content (text) of a
letter **der Briefpartner/die
Briefpartnerin (-/-nen)**
correspondent *(m/f)* **das
Briefporto (-s)** postage **der
Briefwechsel (-)** correspondence
bringen to bring
das Buch ($\ddot{\text{}}$er) book
buchen to book (enter into the
books) **die Buchhaltung (-en)**
bookkeeping

D

die Dame (-n) lady, woman
danken *(D)* to thank **dankbar**
thankful, grateful **Dank, Danke**
thanks
das Datum (Daten) date
die Dauerleihe (-n) standing loan
dauern to last, to take (time)
decken to cover
denken an to think of/about
der Diavortrag ($\ddot{\text{}}$e) slide show
das Dokument (-e) document
dringend urgent
dumm stupid
durchlassen to let through

E

ehren to honor **die Ehre (-n)** honor
ehrlich honest, honorable **geehrt-**
dear *(in formal letters)*
eingehen to arrive
einladen to invite **die Einladung
(-en)** invitation
einschalten to call in
die Einschränkung (-en) restriction,
limitation
einsetzen to use, employ
die Einstellung (-en) attitude
einweihen to dedicate
der Einzelladenpreis (-e) retail
price
empfangen to receive **der Empfang
(⁻e)** reception **der Empfänger/die
Empfängerin (-/-nen)** addressee,
receiver
empfehlen to recommend
empört outraged
das Ende end
England England **der Engländer/die
Engländerin (-/-nen)** Englishman/
Englishwoman **englisch** English
(adj.) **das Englisch** English
(language)
entgegenbringen to show, to
demonstrate
entschuldigen to excuse **die
Entschuldigung (-en)** excuse
enttäuscht disappointed
entweder . . . oder either . . . or
erfahren to discover **die Erfahrung
(-en)** discovery
der Erfolg (-e) success **erfolglos**
unsuccessful **erfolgreich**
successful
ergänzen to complete, to expand, to
add on **die Ergänzung (-en)**
completion, expansion, addition
erhalten to receive, to preserve **die
Erhaltung (-en)** preservation
erhöhen to raise
(sich) erinnern to remember
erklären to explain **die Erklärung
(-en)** explanation
erlauben to allow, to permit **die
Erlaubnis (-se)** permission **erlaubt**
allowed, permitted
erleben to experience

erledigen to take care of, to settle
erledigt taken care of, resolved **die
Erledigung (-en)** (the) settling of,
resolution
erleiden to suffer from
die Ermäßigung (-en) discount
erschöpft exhausted **die
Erschöpfung (-en)** exhaustion
erstaunt amazed, surprised
ersuchen to request
ertragen to bear
erwarten to expect, to await **die
Erwartung (-en)** expectation
erzählen to tell, to relate **die
Erzählung (-en)** tale, story
ewig forever **die Ewigkeit (-en)**
eternity

F

die Fabrik (-en) factory
fair fair
die Feier (-n) party
ferner further away/furthermore
feststellen to realize, to discover
das Feuerwerk (-e) fireworks
finanziell financial
die Firma (-en) firm, company
der Fleiß *(k.P.)* eagerness
das Fließband (⁻er) assembly line
fließend fluent
folgen *(D)* to follow
die Folterung (-en) torture
formell formal
das Formular (-e) blank, form
die Fracht (-en) freight
fragen to ask **die Frage (-en)**
question
das Fragezeichen (-) question
mark
Frankreich France
frei free **freibleibend** provisional **die
Freiheit (-en)** freedom
das Fremdenverkehrsamt (⁻er)
tourist information center
(sich) freuen über *(A)* to be happy
about, to look forward to **die
Freude (-en)** joy, happiness
der Freund/die Freundin (-e/-nen)
friend *(m/f)* **die Freundschaft (-en)**
friendship **freundlich** friendly

der Frieden (-) peace
frisch fresh
früh early früher earlier, previous,
  former
fühlen to feel
der Führerschein (-e) driver's
  license

G

ganz totally, fully
der Garten (⁻) garden
der Gast (⁻e) guest der Gastgeber/
  die Gastgeberin (-/-nen) host/
  hostess
geben to give
geboren born
die Geborgenheit (-en) security
die Gebühr (-en) fee
die Geburt (-en) birth das
  Geburtsdatum (-daten) date of
  birth der Geburtsort (-e) place of
  birth der Geburtstag (-e) birthday
geduldig patient
gehen to go
die Gelegenheit (-en) opportunity
  die -gelegenheit (-en)
  arrangement, opportunity, facilities
  die Kochgelegenheit (-en)
  cooking facilities
gelingen to be successful
die Gemäldegalerie (-n) art
  gallery
gemütlich comfortable
der Genuß (⁻sse) pleasure,
  enjoyment
gern(e) gladly
der Gesamtpreis (-e) total price/
  costs
das Gesamtsaldo (-salden) total
  balance
das Geschenk (-e) present, gift
geschieden divorced
die Gesundheit (-en) health
getrennt divided mit getrennter
  Post under separate cover
die Gewißheit (-en) certainty
das Glück luck glücklich happy
  der Glückwunsch (⁻e)
  congratulation(s)
gratulieren to congratulate

Groß- grand- der Großbuchstabe
  (-n) capital letter der Großvater/
  die Großmutter (⁻) grandfather/
  grandmother die Großschreibung
  (-en) capitalization (of words)
der Gruß (⁻e) greeting
die Grundlage (-n) basis auf der
  Grundlage on the basis (of)
Grundschule (-n) elementary school
gutgelaunt good-tempered, even-
  tempered
guttun to do good
das Gymnasium (-sien) high school

H

die Handschrift (-en) handwriting
handschriftlich handwritten
häufig frequent, often die Häufigkeit
  (-en) frequency
Haupt- main die Hauptaufgabe
  (-en) main task das Hauptwort
  (⁻er) noun
das Haus (⁻er) house die
  Hausaufgabe (-en) homework
  assignment der Hausmeister/die
  Hausmeisterin (-/-nen) manager
  (m/f) of a building zu Hause at
  home nach Hause home
heiraten to marry
heiter sunny, cheerful
helfen to help
die Herkunft (⁻e) origin, family
  history
der Herr (-en) Mr., Sir, gentleman
  Sehr geehrte Herren Dear Sirs
das Herz heart herzlich sincerely
heute today heutzutage nowadays
die Hilfskraft (⁻e) support personnel
  (assistant)
hinterlassen to leave behind
Hochachtungsvoll Respectfully (in
  very formal letters)
die Hochschule (-n) university,
  college
die Hochzeit (-en) wedding der
  Hochzeitstag (-e) wedding day
hoffen to hope hoffentlich hopefully
  die Hoffnung (-en) hope
  hoffnungsvoll hopeful
humorvoll humorous

I

die Industrie industry
die Information (-en) information
informell informal
informieren to inform
der Inhalt (-e) content
innerhalb within
inoffiziell informal, unofficial
das Inserat (-e) advertisement,
announcement
interessieren to interest **das
Interesse (-en)** interest (opinion)
(sich) interessieren für *(A)* to be
interested in
das Interview (-s) interview
das Irrtum (-̈er) error

J

ja yes
das Jahr (-e) year **im Jahr 19___** in
19___ **Jahres-** yearly **jährlich**
annually, yearly
der Job (-s) job
der Jubilar/die Jubilarin (-e/-nen)
man/woman celebrating an
anniversary
die Jugendherberge (-n) youth
hostel
der/die Jugendliche (-n) adolescent
jung young

K

kaufen to buy **der Kaufmann/die
Kauffrau (-er/-en)** merchant,
businessman/woman; shopkeeper
(m/f) **der Kaufpreis (-e)** purchase
price
der Kegelbruder (-̈) bowling
partner
der Keller (-) basement, cellar
die Kenntnis (-se) knowledge **die
Kenntnisnahme (-n)** information
das Kind (-er) child **die Kindheit
(-en)** childhood **das Kinderspiel
(-e)** "child's play," "piece of cake"
(slang)
die Klammer (-n) clip, parenthesis
die Klasse (-n) class, grade

kleben to glue, to paste
der Kleinbuchstabe (-n) lower-case
letter **die Kleinschreibung (-en)**
using (writing with) lower-case
letters
das Konto (-ten) account
der Körperschweiß *(k.P.)* perspiration
kostenlos free of charge
das Kostüm (-e) suit (for a woman)
die Krankenversicherung (-en)
health insurance
die Krankheit (-en) illness, disease
(sich) kümmern um *(A)* to take care
of, to worry about
der Kunde/die Kundin (-n/-nen)
customer *(m/f)*, client *(m/f)*
kündigen to give notice, to resign, to
terminate (a contract) **die
Kündigung (-en)** resignation,
termination
kurz short **abkürzen** to abbreviate
die Abkürzung (-en) abbreviation
kürzen to shorten **die Kurzschrift
(-en)** shorthand **die Kürzung (-en)**
reduction, shortening (of)
küssen to kiss **der Kuß (-̈sse)** kiss

L

das Land (-̈er) country, land, state
die Länge (-n) length
lange long (time)
lassen to let, to allow, to leave
die Laune mood
lauten to be, to run
das Leben (-) life **der Lebenslauf
(-̈e)** résumé, curriculum vitae
die Lehre (-n) apprenticeship
die Leidenschaft (-en) passion
leider unfortunately, regretfully
leihen to lend **die Leihgabe (-n)** loan
die Leistung (-en) performance
lernen to learn
lesen to read **lesbar** legible **leserlich**
readable
das Lexikon (-a) encyclopedia
lieben to love **lieb** dear **die Liebe**
(k.P.) love **liebenswert** likable,
lovable **liebenswürdig** likable,
lovable **der Liebesbrief (-e)** love
letter **der Liebhaber/die
Liebhaberin (-/-nen)** lover

die **Lieferung (-en)** delivery
die **Linie (-n)** line (drawing)
links left, on the left
der **Lohn (ːe)** salary, wages
der **Luftangriff (-e)** air raid

M

die **Mahlzeit (-en)** meal time
mahnen to warn, to caution die
  Mahnung (-en) warning, notice of
  overdue payment die
  Mahngebühr (-en) reminder fee,
  late payment fee
mal time (occurrence) **dreimal** three
  times, thrice **einmal** once **das
  letzte Mal** the last time **zehnmal**
  ten times **zum ersten Mal** for the
  first time **zweimal** twice
maschinell by machine
das **Maschinenschreiben** typing
meinen to mean, to be of the opinion
die **Meinung (-en)** opinion
meistern to master
das **Memo (Memorandum)** memo
  (memorandum)
das **Mißverständnis (-se)**
  misunderstanding
mieten to rent die **Miete (-n)** rent
die **Mitarbeit** *(k.P.)* cooperation
  der **Mitarbeiter/die Mitarbeiterin
  (-/-nen)** colleague *(m/f)* der
  **Mitbewohner/die Mitbewohnerin
  (-/-nen)** other occupants of an
  apartment building *(m/f)*
mitbringen to bring along
die **Mitfahrgelegenheit** car pool
der **Mitglied (-er)** member die
  Mitgliedschaft (-en) membership
der **Mittag (-e)** lunch, midday die
  Mittagspause (-n) lunch break
die **Mitte (-n)** middle **in der Mitte** in
  the middle die **Stadtmitte (-n)** city
  center, downtown
mitteilen to inform die **Mitteilung
  (-en)** announcement
der **Moment (-e)** moment **im
  Moment** at the moment
der **Monat (-e)** month **monatlich**
  monthly
der **Morgen (-)** morning **am Morgen**
  in the morning

das **Muster (-)** pattern, sample,
  example, specimen
die **Mutter (ˑ)** mother

N

nachholen to make up, to
  repeat
die **Nachricht (-en)** news
nah near, nearby
die **Nähe** "nearness" **in der Nähe**
  nearby
der **Name (-n)** name
natürlich naturally, of course
die **Nebenkosten** *(pl.)* utilities *(part
  of rent)*
der **Norden** (the) north **nördlich von**
  north of
die **Note (-n)** grade
die **Nummer (-n)** number

O

öffnen to open
ordnen to order, to organize **der
  Ordner (-)** file folder, binder
der **Ort (ːer)** town, place, location **die
  Ortsangabe** information about
  location (of), address
der **Osten** (the) east **östlich von**
  east of
das **Ostern** Easter **das Osterei (-ei)**
  Easter egg **das Osterfest (-e)**
  Easter **der Osterhase (-n)** Easter
  bunny **der Ostermontag** Monday
  following Easter **der Ostersonntag**
  Easter Sunday

P

die **Packung (-en)** packaging
das **Paket (-e)** package **das
  Päckchen (-)** small package
das **Papier** paper
passen zu to match
der/die Pate godfather/godmother
die **Person (-en)** person **in Person**
  in person **persönlich** personally
planen to plan, to make plans **der
  Plan (ːe)** plan

der Polterabend (-e) the evening before a wedding
das Porto postage **portofrei** postage paid **portopflichtig** postage due
die Post *(k.P.)* post office, postal system **das Postamt (¨er)** post office **der Postbote/die Postbotin (-n/-nen)** mail carrier *(m/f)* **das Postfach (¨er)** post office box **die Postkarte (-n)** postcard **der Postscheck (-s)** postal money order **das Postskriptum** postscript
das Prädikat (-e) rating, grade
der Preis (-e) price
preisen to praise
der Prinz/die Prinzessin (-en/-nen) prince/princess
das Problem (-e) problem
das Produkt (-e) product
produzieren to produce
das Projekt (-e) project
der Punkt (-e) period, point **der Doppelpunkt (-e)** colon

Q

die Qualität (-en) quality
die Quantität (-en) quantity
die Quittung (-en) receipt

R

raffiniert clever, sophisticated
der Raum (¨e) room
rechnen to calculate **die Rechnung (-en)** invoice, bill
recht- right **Recht haben** to be right
rechts on the right **die Rechtschreibung (-en)** orthography (correct spelling)
rechtzeitig on time
das Referat (-e) presentation
das Regal (-e) shelf
die Regel (-n) rule
regelmäßig regular
die Regelung (-en) regulation
reparieren to repair
respektieren to respect **der Respekt** *(k.P.)* respect
richtig correct, right

das Risiko (-en) risk **ein Risiko eingehen** to run a risk, to take a risk
riskieren to risk
die Rückgabe (-n) return
die Rückmeldung (-en) notification
der Rückruf (-e) return call (telephone)
rücksichtslos inconsiderate
die Runde (-n) round(ness)
der Rutsch *(k.P.)* "slip into the New Year" *(slang)*

S

schätzen to appreciate, to estimate
scheinen to shine
sich scheuen vor *(D)* to shrink from
schicken to send
der Schlaganfall (¨e) stroke
schlagen to hit, to strike
schließen to close
schreiben to write **das Schreiben** official letter
die Schule (-n) school **der Schüler/die Schülerin (-/-nen)** student in elementary or high school *(m/f)*
der Schulranzen (-) school bag
schweißbedeckt covered in (with) sweat
sehen to see
die Sehnsucht *(k.P.)* longing
seitdem since
seither since then
die Sekundarstufe (-n) high school (grades 7 through 10)
selb- same **selber** -self/-selves
selbst even, -self/-selves
selbständig independent
selbstverständlich certainly, of course
senden to broadcast **der Sender (-)** broadcaster *(radio/television/ cable)* station **die Sendung (-en)** (broadcast) program, transmission
sicher safe **die Sicherheit (-en)** safety
der Sinnspruch (¨e) saying, proverb
sogenannt so called
sparen to save
Sport treiben to participate in sports
der Staat (-en) state

stattfinden to take place
stellen to place, to put **die Stelle (-n)**
place, location, job **eine Frage**
stellen to ask a question **die**
Stellungsnahme (-n) opinion
sterben to die
das Stillschweigen *(k.P.)* silence
der Storch (¨e) stork
streichen to cross out
der Strich (-e) line, tick mark,
hyphen
der Student/die Studentin
(-en/-nen) student *(m/f)*
studieren to study **das Studium**
(-dien) course of study, studies
suchen to search (for)
der Süden (the) south **südlich von**
south of

T

der Tagesdienst (-e) (duty) tasks for
the day
täglich daily
tausendfach thousandfold
der Techniker/die Technikerin
(-/-nen) technician *(m/f)*
technisch technical
telefonieren to telephone, to make a
telephone call **das Telefon**
telephone **der Telefonanruf (-e)**
telephone call **das Telefonbuch**
(¨er) telephone book, telephone
directory **die Telefonnummer (-n)**
telephone number
das Telegramm telegram
telegrafisch telegraphic
das Theater (-s) theater
tippen to type
der Titel (-) title
der Tourismus tourism **der Tourist/**
die Touristin (-en/-nen) tourist
(m/f)
transportieren to transport
trauen to marry, to wed **die Trauung**
(-en) wedding ceremony
trennen to separate
treu faithful, true (to)
die Turteltaube (-n) turtledove,
lovebird
der Typ (-en) fellow, guy,
"type"

U

üben to practice, to exercise
überlassen to leave (in your care, for
your attention)
übernehmen to take over, to
undertake
die Überprüfung (-en) examination,
scrutiny
die Überraschung (-en) surprise
übersehen to overlook
übersenden to send *(in formal*
letters)
die Überweisung (-en) transfer
üblich usual, common
übrig left over
die Umgebung (-en) surroundings
umgekehrt vice-versa, the other way
around
umkehren to turn around
der Umsatz (¨e) sales revenue
der Umschlag (¨e) envelope
unglücklich unlucky
unterbringen to put up
unterscheiden to differentiate, to
determine **der Unterschied (-e)**
difference
unterschreiben to sign **die**
Unterschrift (-en) signature
unterzeichnen to sign **der**
Unterzeichner/die
Unterzeichnerin (-/-nen) the
undersigned
unverändert unchanged, unaltered

V

verantwortlich responsible (for)
verarbeiten to work (over)
die Verbindung (-en) connection **in**
Verbindung treten to contact
(someone)
verbleiben to remain (only in letters)
verbringen to spend (time)
verehrt dear *(very formal address)*
vereinbaren to agree upon, to
arrange
vereinfacht simplified
verfügen to have at (someone's)
disposal **die Verfügung (-en)**
disposal **zur Verfügung sein** to be
at (someone's) disposal

verheiratet married
(sich) verirren to get lost
verkaufen to sell
(sich) verloben to get engaged **die Verlobung (-en)** engagement
vermeiden to avoid
vermieten to rent (out)
versagen to fail
die Versandkosten *(P)* shipping fees
versäumen to ruin, to miss
verschlagen to end up
versichern to insure **die Versicherung (-en)** insurance
verspätet belated, tardy
das Verständnis (-se) understanding
das Verteidigungsministerium (-rien) Defense Department
der Vertrieb (-e) marketing, sales
die Vollpension (-en) full room and board
(im) voraus in advance
vorkommen to happen
vorliegen to exist right here
der Vorschuß (-̈sse) advance

W

wählen to elect, to choose **die Wahl (-en)** election
wann auch immer whenever
warten to wait **das Warten** *(k.P.)* waiting
was auch immer whatever
wehrlos helpless, without defenses
die Weiterbildung (-en) continuing education
die Weitergabe (-n) (the) passing on (of something)
die Welt (-en) world **weltweit** worldwide
wer auch immer whoever
werben to advertise **die Werbung (-en)** advertising
der Westen (the) west **westlich von** west of
das Wetter (-) weather **schönes Wetter** good weather
wichtig important
das Willkommen welcome
willkommen heißen to welcome
willkommen in Amerika welcome to America

der Wirt/die Wirtin (-e/-nen) innkeeper *(m/f)* **die Wirtschaft (-en)** economics
die Woche (-n) week **das Wochenende (-n)** weekend
wöchentlich weekly
wochenweise by the week
das Wohlwollen (-) goodwill
das Wort (-̈er) word **der Wortschatz (-̈e)** vocabulary **das Wörterbuch (-̈er)** dictionary
wünschen to wish **der Wunsch (-̈e)** wish

Z

der Zahlungseingang (-̈e) payment received
der Zahlungsrückstand (-̈e) payment in arrears
das Zeichen (-) sign, symbol, mark
die Zeichensetzung (-en) punctuation
die Zensur (-en) grade
das Zeugnis (-se) letter of recommendation, transcript, report card
das Ziel (-e) goal
der Züchter (-) breeder
die Zukunft future
zurückgehen to decrease, to go backward
zusammen together
zusammenarbeiten to work together, to work cooperatively **die Zusammenarbeit** *(k.P.)* working together **zusammenfassen** to summarize **die Zusammenfassung (-en)** summary
zuschicken to send
der Zusteller/die Zustellerin (-/-nen) mail carrier *(m/f)* **die Zustellgebühr (-en)** delivery fee
die Zuverlässigkeit (-en) reliability
der Zuwachs *(k.P.)* addition to the family (growth)

Wortschatz
Englisch–Deutsch

A

about, around, approximately ungefähr
above über *(D/A)*, oberhalb *(G)*
to accept an·nehmen, nahm an, angenommen
access der Zugang (¨e)
to accompany begleiten
in accordance with bezüglich *(G)*, hinsichtlich *(G)*
according to nach *(D)*, laut *(D)*
account das Konto (-s/-en) **bank account** das Bankkonto (-s) **checking account** das Girokonto (-s) **savings account** das Sparkonto (-s)
to acknowledge receipt of den Eingang bestätigen
to get acquainted with kennen·lernen, lernte kennen, kennengelernt
acquaintance der/die Bekannte
ad(vertisement) die Anzeige (-n), die Annonce (-n)
additional zusätzlich
address die Adresse (-n), die Anschrift (-en) **to address s.b.** jmdn. an·reden **addressee** der Empfänger (-) **return address** der Absender (-)
in advance im voraus
advice der Rat *(k.P.)*
afternoon der Nachmittag (-e)
again wieder, noch einmal
agency die Agentur (-en)
ago vor *(D)* **a year ago** vor einem Jahr
agreed einverstanden **agreement** das Einverständnis *(k.P.)*
airmail die Luftpost *(k.P.)* **by airmail** mit Luftpost *(D)*, mit Flugpost *(A)*
almost fast

also auch
America (das) Amerika **(an) American** der Amerikaner (-), die Amerikanerin (-nen) **American** *(adjective)* amerikanisch
to amount to betragen, betrug, betragen
analysis die Analyse (-n)
to announce bekannt·geben, gab bekannt, bekanntgegeben; an·kündigen **announcement** die Bekanntmachung (-en), das Inserat (-e), die Ankündigung (-en)
annoyed at verärgert über *(A)*
anonymous anonym
to answer antworten auf *(A)*, beantworten
anticipated voraussehbar
apartment die Wohnung (-en) **apartment building/house** das Mietshaus (¨er)
(household) appliance das (Haushalts)Gerät (-e)
to apply for a job sich um eine (Arbeits)Stelle bewerben, bewarb, beworben
appointment der Termin (-e) **to make an appointment** einen Termin vereinbaren
apprenticeship die Lehre (-n)
appropriate angemessen, passend
around um *(A)*
to arrive an·kommen, kam an, angekommen **arrival** die Ankunft (¨e)
as als, wie **as . . . as** so . . . wie **as well as** sowie
to ask a favor of s.b. jmdn. bitten um *(A)*, bat, gebeten
to assist helfen, half, geholfen
assistant der Assistent (-en), die Assistentin (-nen), der Mitarbeiter (-), die Mitarbeiterin (-nen)

asterisk das Sternchen (-)
to attend a meeting an einer Sitzung
teil·nehmen, nahm teil,
teilgenommen; einer Versammlung
bei·wohnen **to attend school** die
Schule besuchen
attention die Aufmerksamkeit *(k.P.)*
attentive aufmerksam
author der Verfasser (-), die
Verfasserin (-nen), der Autor (-en),
die Autorin (-nen)
to authorize genehmigen
authorization die Genehmigung
(-en)
average durchschnittlich,
Durchschnitts-

B

baby das Kind (-er), das Baby (-ies)
balance das Soll, das Saldo *(k.P.)*
ballpoint pen der Kugelschreiber (-),
der Kuli (-s)
bank die Bank (-en) **banking** das
Bankwesen *(k.P.)* **bank statement**
der Kontoauszug (-̈e)
because weil **because of** wegen *(G)*
because of it deswegen
before *(preposition)* vor **before**
(conjunction) bevor, ehe **before**
(adverb) vorher
to begin an·fangen, fing an,
angefangen; beginnen, begann,
begonnen **beginning** der Anfang
(-̈e)
behavior das Verhalten *(k.P.)*, das
Benehmen *(k.P.)*
to believe glauben
below *(adverb)* unten **below**
(preposition) unter *(D/A)*, unterhalb
(G)
beverage das Getränk (-e)
bill (invoice) die Rechnung (-en)
birth die Geburt (-en) **birth**
certificate die Geburtsurkunde (-n)
birth date das Geburtsdatum
(Geburtsdaten) **birthday** der
Geburtstag (-e) **place of birth** der
Geburtsort (-e) **happy birthday**
alles Gute zum Geburtstag
black schwarz **black on white**
schwarz auf weiß

blank *(application, order)* das
Formular (-e)
body of a letter der Briefinhalt (-e)
book das Buch (-̈er) **to book** buchen
bookkeeping die Buchhaltung
(-en)
born geborener, geborene
to borrow leihen, lieh, geliehen
both beide
to bother stören
(at the) bottom unten
(square) brackets die (eckigen)
Klammern
branch der Zweig (-e) **branch office**
die Zweigstelle (-n), die Filiale (-n)
branch manager der Filialleiter (-),
die Filialleiterin (-nen)
to break *(an object)* brechen, brach,
gebrochen **to break** *(a dollar bill)*
wechseln **broken** gebrochen
brief kurz
to bring bringen, brachte, gebracht
business das Geschäft (-e), der
Handel *(k.P.)* **to do business**
Geschäft/Handel treiben, trieb,
getrieben **on business**
geschäftlich, dienstlich **business**
letter der Geschäftsbrief (-e)
business venture die
Geschäftsunternehmung (-en)
to buy kaufen

C

calendar der Kalender (-)
to be called heißen, hieß,
geheißen
can, to be able to können, konnte,
gekonnt
Canada (das) Kanada **a Canadian**
der Kanadier (-), die Kanadierin
(-nen) **Canadian** *(adjective)*
kanadisch
capital *(city)* die Hauptstadt (-̈e)
capital *(letter)* der Großbuchstabe
(-n) **capital** *(money)* das Kapital
(k.P.)
to take care of erledigen
to carry tragen, trug, getragen **to**
carry out, to perform aus·führen
case der Fall (-̈e) **in any case,**
anyway auf jeden Fall, jedenfalls

cash das Bargeld (-er) **to cash
(a check)** (einen Scheck)
einlösen
catalog(ue) der Katalog (-e)
category die Kategorie (-n)
to cause verursachen **cause** die
Ursache (-en)
to celebrate feiern **celebration** die
Feier (-n)
ceremony die Zeremonie (-n)
certificate das Zertifikat (-e)
change *(general)* die Änderung
(-en), die Veränderung (-en) **to
change** ändern, verändern
change *(money)* das Kleingeld,
das Wechselgeld (-er) **to change**
(money) (Geld) wechseln
chapter *(book)* das Kapitel (-)
charges die Unkosten, die Spesen
charming reizend
cheap *(price or quality)* billig **cheap**
(price) preiswert
check der Scheck (-s)
childhood die Kindheit *(k.P.)*
choice (selection) die (Aus)Wahl
(k.P.) **choice** *(adjective)*
(aus)gewählt, ausgesucht, erlesen
to choose (aus)wählen
circular der Rundbrief (-e)
circumstance der Umstand (-̈e)
colleague der Kollege (-en), die
Kollegin (-nen)
colon der Doppelpunkt (-e)
to come back zurück·kommen, kam
zurück, zurückgekommen
comfort der Komfort *(k.P.)* **(with
modern) comfort** mit allem
Komfort
comment(ary), editorial der
Kommentar (-e) **to comment, to
editorialize** kommentieren
common gewöhnlich, normal, üblich
(in) common gemeinsam
company (business) die
Gesellschaft (-en) **company
(visitors)** der Besuch *(k.P.)* **We
have company.** Wir haben
Besuch.
to compel zwingen, zwang,
gezwungen **compulsion** der
Zwang (-̈e) **compulsory** Zwangs-
to complain about sich beschweren/
sich beklagen über *(A)* **complaint**

die Reklamation (-en), die
Beschwerde (-n)
to complete vervollständigen,
vollenden
compliment das Kompliment (-e) **to
pay s.b. a compliment about**
jmdm. ein Kompliment über *(A)*
machen
to be composed of bestehen aus
(D), bestand, bestanden
concerning unter Bezugnahme auf
+ *A*, bezüglich *(G)*
condition der Zustand (-̈e) **in good
condition** in gutem Zustand
conditional mood der Konjunktiv
(k.P.)
confidence in das Vertrauen auf *(A)*
in confidence, confidential
vertraulich **confident** sicher,
überzeugt, selbstsicher
to confirm bestätigen **confirmation**
die Bestätigung (-en)
congratulation der Glückwunsch
(-̈e)
to consist bestehen, bestand,
bestanden
constant ständig
to contact s.b. mit jmdm. Kontakt
aufnehmen
to contain enthalten, enthielt,
enthalten **contents** der Inhalt *(k.P.)*
to be content with zufrieden sein mit
(D)
to continue fort·setzen **continuation**
die Fortsetzung (-en)
contrary to im Gegensatz zu
convenience die Bequemlichkeit
(k.P.) **at your (earliest)
convenience** bei (erster)
Gelegenheit
to be convinced überzeugt sein
to copy kopieren **copy** die Kopie
(-n), das Exemplar (-e)
corporate name der Firmenname
(-n) **corporation** die GmbH (=
Gesellschaft mit beschränkter
Haftung)
to correct korrigieren **correct**
(adjective) richtig
correspondence der Briefwechsel
(k.P.) **correspondent** *(letter)* der
Briefpartner (-), die Briefpartnerin
(-nen)

to cost kosten **costs** die Kosten **at the cost of** auf Kosten *(G)* **at cost** zum Selbstkostenpreis **at all costs** um jeden Preis

country das Land (¨er) **(to be, to live) in the country** auf dem Land (sein, wohnen) **(to go) to the country** aufs (= auf das) Land (gehen)

course der Kurs (-e), der Lehrgang (¨e) **to take a course** an einem Kurs/Lehrgang teilnehmen

to cover decken

to credit kreditieren **credit card** die Kreditkarte (-n) **credit/bank transfer** die Überweisung (-en)

currency die Währung (-en), das Geld (-er)

customer der Kunde (-n), die Kundin (-nen)

customs der Zoll *(k.P.)* **customs official** der Zollbeamte, Zollbeamte(n), die Zollbeamtin (-nen)

D

darling der Liebling (-e)

dash der Strich (-e)

date of order das Bestelldatum (-daten)

to date s.b. mit jmdm. aus·gehen, ging aus, ausgegangen

to deal with verhandeln mit *(D)*

death der Tod *(k.P.)* **dead** tot

to debit belasten

to declare erklären

deduction der Abzug (¨e)

deep tief

defect der Fehler (-), der Mangel (¨)

degree der Grad, Grad/Grade **one hundred degrees** hundert Grad **to a degree** einigermaßen

to deliver liefern **delivery** die Lieferung (-en) **delivery fee** die Zustellungsgebühr (-en)

to demand fordern, verlangen

department head der Abteilungschef (-s)

departure *(bus, car, train)* die Abfahrt (-en) **departure** *(plane)* der Abflug (¨e) **departure** *(general)* die Abreise (-n) **to depart** abreisen

to deposit in a bank account auf ein Bankkonto einzahlen **to make a deposit (down payment)** anzahlen, eine Anzahlung leisten **deposit** *(down payment)* die Anzahlung (-en) **deposit** *(bank)* die Einzahlung (-en)

to deprive entziehen, entzog, entzogen

to describe beschreiben, beschrieb, beschrieben

to deserve verdienen

devoted treu

to die sterben, starb, gestorben

director der Direktor (-en), die Direktorin (-nen); der Leiter (-), die Leiterin (-nen)

to disappoint enttäuschen

disappointment die Enttäuschung (-en)

discount der Rabatt (-e), der Nachlaß (¨sse)

to discover entdecken **discovery** die Entdeckung (-en)

to discuss diskutieren

dish *(plate)* der Teller (-)

dismay die Betroffenheit (-en)

to display zeigen

to be at the disposal of jmdm. zur Verfügung stehen

distinguished vornehm

to distress s.b. jmdm. Sorgen machen

divorced geschieden

document das Dokument (-e)

to doubt zweifeln

to draw s.b.'s attention to jmdn. auf etwas aufmerksam machen

dream der Traum (¨e) **to dream** träumen

to drink a toast an·stoßen, stieß an, angestoßen

dues die (Mitglieds)Gebühr (-en)

duration die Dauer *(k.P.)*

during während

duty die Pflicht (-en), die Aufgabe (-en)

E

each, every jeder, jede, jedes *(k.P., only singular)*

eager fleißig
to earn verdienen
the East, the Orient der Osten, der
Orient East X Ost-X eastern Ost-,
östlich east östlich
Easter (das) Ostern
education die Ausbildung (-en)
effect die Wirkung (-en), die Folge
(-n), das Ergebnis (-sse), das
Resultat (-e)
either . . . or entweder . . . oder
elsewhere woanders, sonstwo,
anderswohin
embassy die Botschaft (-en)
employee der Arbeitnehmer (-), die
Arbeitnehmerin (-nen); der/die
Angestellte, Angestellte(n)
employer der Arbeitgeber (-), die
Arbeitgeberin (-nen)
employment die Beschäftigung
(-en), die Arbeit (-en), die Stelle
(-n), die Stellung (-en)
empty leer
enclosed in der Anlage, anbei
to end (be)enden, Schluß machen
end das Ende (-en)
to endeavor to, to put out effort
sich bemühen, sich anstrengen
to get engaged to s.b. sich mit
jmdm. verloben engagement die
Verlobung (-en)
England (das) England English
(person) der Engländer (-), die
Engländerin (-nen) English
(language) das Englisch English
(adjective) englisch
to enjoy sich freuen, sich amüsieren,
sich unterhalten
enormous riesengroß
enough genug
to entertain unterhalten, unterhielt,
unterhalten
envelope der Briefumschlag (¨e)
equal gleich
equipped ausgerüstet
error der Fehler (-), der Irrtum (¨er)
especially besonders
establish gründen established
gegründet establishment die
Einrichtung (-en), die Firma (-men)
eternity die Ewigkeit (-en)
every, each jeder, jede, jedes
everyday *(adjective)* alltäglich,

gewöhnlich everyone, everybody
alle everything alles every time
jedes Mal everywhere überall
everyday life der Alltag *(k.P.)*
exaggeration, extravagance die
Übertreibung
examine (über)prüfen
example das Beispiel (-e) for
example zum Beispiel
except (for) bis auf, mit Ausnahme
von, außer
excerpt der Auszug (¨e)
exclamation point das
Ausrufungszeichen (-)
exclusively ausschließlich
to excuse entschuldigen excuse
(positive) die Entschuldigung (-en)
(lame) excuse die Ausrede (-n)
exercise die Übung (-en) to
exercise (aus·)üben
to expect, to await erwarten
expectation die Erwartung (-en)
experience die Erfahrung (-en)
to expire ab·laufen, lief ab,
abgelaufen
to explain erklären explanation die
Erklärung, Erklärungen
to express aus·drücken expression
der Ausdruck (¨e)

F

fact die Tatsache (-n); das Faktum,
Fakten
factory die Fabrik (-en)
fair, just gerecht, fair
faithful treu
favor der Gefallen (-) to do s.b. a
favor jmdm. einen Gefallen tun
favorite Lieblings-
fee die Gebühr (-en)
to feel sich fühlen feeling das Gefühl
(-e)
field trip der Ausflug (¨e)
file die Akt (-en)
financial finanziell
to finish beenden, erledigen
firm die Firma, Firmen
first (of all) zuerst, zunächst
fluent fließend
to follow folgen *(D)*, verfolgen *(A)* as
follows wie folgt

foreigner der Ausländer (-), die
Ausländerin (-nen) **foreign
countries** das Ausland *(k.P.)* **in a
foreign country, abroad** im
Ausland **foreign** ausländisch
forever immer, ständig, ewig
to forgive verzeihen *(D)*, verzieh,
verziehen
form das Formular (-e)
formal formell
former, formerly früher,
ehemalig
to forward *(letters)*
nach·schicken
founded gegründet **founded in
19XX** 19XX gegründet
France (das) Frankreich **French**
(adjective) französisch **French**
(person) der Franzose (-n), die
Französin (-nen) **French**
(language) (das) Französisch(e)
free frei **free of charge**
kostenlos
fresh frisch
friend der Freund (-e), die Freundin
(-nen) **friendship** die Freundschaft
(-en) **friendly** freundlich
funeral die Beerdigung (-en)
to furnish einrichten, liefern
furnished möbliert **unfurnished**
unmöbliert
furthermore ferner
future die Zukunft *(k.P.)* **in the future**
in Zukunft **future tense** das Futur
(k.P.)

G

gentleman der Herr (-en)
gift das Geschenk (-e)
to give geben, gab, gegeben
to go gehen, ging, gegangen; fahren,
fuhr, gefahren
grade die Note (-n)
grand groß **grandchild** das
Enkelkind (-er) **granddaughter** die
Enkelin (-nen) **grandfather** der
Großvater (ː) **grandmother** die
Großmutter (ː) **grandson** der
Enkel (-)
to grant a request bewilligen,
gewähren

grateful dankbar
great groß **greatgrandfather** der
Urgroßvater (ː) **greatgrandmother**
die Urgroßmutter (ː)
greeting *(at beginning of letter)* die
Anrede (-n)
grief das Leid (-en)
to grow (up) (auf·)wachsen
guest der Gast (ːe) **guesthouse,
boarding house** die Pension (-en),
das Gästehaus (ːer)

H

habit die Gewohnheit (-en)
handwriting die Handschrift (-en)
handwritten handschriftlich
to happen geschehen
happiness, good fortune das Glück
(k.P.) **happy** glücklich
hardworking fleißig
health die Gesundheit *(k.P.)*
heart das Herz (-en) **with all my
heart** von ganzem Herzen
heartfelt, sincere herzlich
to help helfen, half, geholfen **to be
helpful** behilflich sein
herewith hiermit
high school das Gymnasium (-ien)
to hold halten, hielt, gehalten
holiday der Feiertag (-e), der Festtag
(-e) **Happy Holidays!** Frohe
Festtage!
at home zu Hause
to go home nach Hause gehen
homework die Hausaufgabe (-n)
honest ehrlich
to honor ehren **honor** die Ehre (-n)
to hope hoffen **hopeful** hoffnungsvoll
hope die Hoffnung (-en)
hospital das Krankenhaus (ːer)
hour die Stunde (-n)
however, nevertheless trotzdem, aber
to hurry sich beeilen
husband der (Ehe)Mann (ːer)
hyphen der Bindestrich (-e)

I

illness die Krankheit (-en)
immediately sofort, unmittelbar, direkt

to include ein·schließen, schloß ein, eingeschlossen; umfassen, ein·beziehen, bezog ein, einbezogen **included** einschließlich, inklusive, inbegriffen **indeed** tatsächlich, wirklich, in der Tat
to indicate zeigen, hinweisen auf *(A)*, deuten auf *(A)*
industry die Industrie (-n)
to inform informieren, unterrichten **informal** informell, inoffiziell **information** die Auskunft (ˇe), die Angabe (-n), die Information (-en), die Nachricht (-en)
initial (letter) die Initiale (-n), der Anfangsbuchstabe (-n)
to inquire sich erkundigen, fragen, fragen nach, untersuchen **inquiry** die Anfrage (-n)
insurance die Versicherung (-en) **insurance policy** die Police (-n)
to intend to beabsichtigen **intention** die Absicht (-en), das Vorhaben (-)
interest *(financial)* der Zins (-en) **interest rate** der Zinssatz (ˇe) **interest** *(opinion)* das Interesse (-n) **to interest** interessieren
interview das Interview (-s), das Vorstellungsgespräch (-e)
to introduce sich vor·stellen *(Person)*, ein·führen *(Gegenstand)*, ein·leiten *(Buch)* **introduction** *(person)* die Vorstellung (-en)
introduction *(book)* die Einleitung (-en) **introduction** *(object)* die Einführung (-en)
to issue (a check) (einen Scheck) aus·stellen
item der Gegenstand (ˇe), der Artikel (-)

J

job die Arbeit (-en), die Arbeitsstelle (-n), der Job (-s)
to job jobben
to join (an organization) einer Organisation bei·treten, trat bei, beigetreten **to join (two objects)** zwei Gegenstände miteinander verbinden, verband, verbunden

K

kind *(noun)* die Art (-en) **kind** *(adjective)* sympathisch, nett, lieb, freundlich **kindness** die Freundlichkeit (-en) **would you be so kind as to** wären Sie so freundlich und
to kiss küssen **kiss** der Kuß (ˇsse)
knowledge das Wissen *(k.P.)*, die Kenntnis (-se)

L

laboratory, lab das Labor/ Laboratorium (Labors/ Laboratorien)
lady die Frau (-en), die Dame (-en)
to last (an·)dauern; anhalten, hielt an, angehalten
late(r) spät(er)
to learn *(school subjects)* lernen **to learn** *(hear news)* **about s.th.** etwas erfahren
to leave verlassen, abfahren, lassen, hinterlassen
left link- **on the left** links **left over** übrig
legible lesbar, leserlich
leisure time die Freizeit *(k.P.)*
to lend leihen, verleihen
length die Länge (-n)
lesson die Übung (-en)
to let s.b. know jmdm. Bescheid sagen
letter der Brief (-e) **to send a letter** einen Brief weg·schicken **letter ending** der Briefgruß (ˇsse) **letterhead** der Briefkopf (ˇe) **stationery, letter paper** das Briefpapier *(k.P.)*
level die Ebene (-n), das Niveau (-s)
library die Bibliothek (-en)
likable liebenswert, liebenswürdig, sympathisch
to like mögen, mochte, gemocht; gern -en **like** *(conjunction)* wie
limited liability company Gesellschaft mit beschränkter Haftung (GmbH)
line *(text)* die Zeile (-n) **line** *(drawing)* die Linie (-n)

loan die Anleihe (-n), das Darlehen (-)
to be located liegen, sich befinden
to look sehen, sah, gesehen; schauen **to look at** (sich) an·schauen **to look for** suchen **to look forward to** sich freuen auf *(A)*
to love lieben **lover** der Liebhaber (-), die Liebhaberin (-nen)
luck der Zufall, das Schicksal, das Glück *(k.P.)*
lunch das Mittagessen (-), das Mittag (-) **to have/eat lunch** zu Mittag essen, aß, gegessen **lunch break** die Mittagspause (-n)

M

Madam Frau
to mail mit der Post wegschicken/aufgeben **mail** die Post *(k.P.)* **mail carrier** der Zusteller (-), die Zustellerin (-nen)
to maintain aufrecht·erhalten, erhielt, erhalten; erhalten
to manage leiten, verwalten **management** die (Betriebs)Leitung *(k.P.)*, das Management *(k.P.)*
manner die Art (-en), die Weise (-n) **in this manner** auf diese Weise/Art
to manufacture her·stellen **manufacturing** die Herstellung *(k.P.)*
margin der Rand (-̈er)
market der Markt (-̈e)
to marry heiraten **married** verheiratet
mayor der Bürgermeister (-), die Bürgermeisterin (-nen)
meal *(time)* die Mahlzeit (-en) **meal** *(grain)* das Mehl *(k.P.)*
to mean bedeuten **meaning** die Bedeutung (-en)
meanwhile inzwischen
medicine die Medizin *(k.P.)*, das Medikament (-e)
to meet treffen, begegnen, kennenlernen
member das Mitglied (-er) **membership** die Mitgliedschaft (-en)
merchandise die Ware (-n)

merry lustig, fröhlich, froh, heiter
meter der Meter (-)
middle die Mitte (-n)
minimal minimal
Miss Fräulein, Frau
to miss *(s.b.)* jmdn. vermissen **to miss** *(time)* verpassen **to be missed** fehlen, vermißt werden
mistake der Fehler (-), der Irrtum (-̈er) **mistaken** irrtümlich
model das Modell (-e), das Muster (-)
moment der Augenblick (-e), der Moment (-e) **at the moment** im Augenblick
money das Geld (-er)
month der Monat (-e) **monthly** monatlich
moreover außerdem
morning der Morgen (-) **in the morning** am Morgen, am Vormittag **during the morning** vormittags
Mr. Herr
Ms. Frau
museum das Museum (Museen)

N

name der Name (-n)
naturally natürlich
near nah, nahe
to need brauchen
neither . . . nor weder . . . noch
news die Nachrichten (-)
next nächst-
nice lieb, nett, sympathisch
the north der Norden, Nord- **North X** Nord-X **northern** Nord-, nördlich
north nördlich
nothing to do with nichts zu tun haben mit
to notice bemerken, beobachten **notice** die Mitteilung (-en), die Rückmeldung (-en)
number, numeral die Zahl (-en), die Ziffer (-n), die Nummer (-n) **numerous** zahlreich

O

to observe beobachten, bemerken, feiern

to **obtain** holen; bekommen, bekam,
bekommen
to **occupy** bewohnen
to **offer** an·bieten, bat an, angeboten
offer das Angebot (-e)
to **be X years old** X Jahre alt sein
once einmal
to **open** *(door, house, store, room)*
öffnen, auf·machen to **open** *(book)*
auf·schlagen, schlug auf,
aufgeschlagen to **open** *(bank
account, business)* eröffnen
opinion die Meinung (-en), die
Stellungnahme (-n)
to **order** *(to command)* befehlen,
befahl, befohlen to **order** *(to
organize)* ordnen to **order** *(to
request)* bestellen **order form** das
Bestellformular (-e)
overseas in Übersee
to **owe** schulden, verpflichten

P

package, packet das Paket (-e), die
Packung (-en), das Päckchen (-)
paid angezahlt, bezahlt
pain der Schmerz (-en) **painful**
schmerzhaft
paper (stationery) das (Brief)Papier
(k.P.)
part der Teil (-e) to **take part, to
participate in** an *(D)* teil·nehmen,
nahm teil, teilgenommen
part-time Teilzeit-
past *(tense)* das Präteritum, das
Imperfekt **past** *(time)* die
Vergangenheit *(k.P.)* **in the past**
früher, in der Vergangenheit, in
früheren Zeiten
patron der Kunde (-n), die Kundin
(-nen) **patronage** die Kundschaft
(k.P.)
to **pay** bezahlen; begleichen, beglich,
beglichen **payment** die
(Be)Zahlung (-en)
people *(general)* man, die Leute
people *(ethnic group)* das Volk
(¨er)
performance die Leistung (-en)
perhaps vielleicht
period *(punctuation)* der Punkt (-e)
period of time die Frist (-en)

person die Person (-en) **in person** in
Person, persönlich **personal**
persönlich, privat
photocopy *(noun)* die Fotokopie (-n),
die Ablichtung (-en) **photocopy**
(verb) fotokopieren, ablichten
photo(graph) das Foto (-s)
phrase der Ausdruck (¨e), die Phrase
(-n)
place *(on a map)* der Ort (-e) **place**
(general) die Stelle (-n)
to **plan** *(to design)* entwerfen,
entwarf, entworfen to **plan** *(to
make plans)* planen to **plan** *(to
intend)* vor·haben
to **play** spielen **playful** spielerisch,
spaßig
pleasant angenehm
to **please** gefallen, gefiel, gefallen
Please! Bitte! **pleased** erfreut,
zufrieden **to be pleased with** sich
über etwas *(A)* freuen **to have the
pleasure** das Vergnügen haben
to **point out** zeigen auf *(A);*
hin·weisen auf *(A),* wies hin,
hingewiesen
position die Stelle (-n)
post office *(postal system)* die Post
(k.P.) **post office** *(building)* das
Postamt (¨er) **post office box** das
Postfach (¨er) **postage** das Porto
(k.P.) **postage paid** portofrei,
frankiert **postage due**
portopflichtig **postal check** der
Postscheck (-s) **postal code** *(USA:
ZIP code)* die Postleitzahl (-en)
postcard die Postkarte (-n)
(picture) postcard die
Ansichtskarte (-n) **postscript** das
Postskriptum (-en)
power die Kraft, die Stärke, die
Macht *(k.P.)*
practice die Gewohnheit (-en), die
Praxis *(k.P.)*
precious wertvoll, kostbar
to **prefer** vorziehen, lieber -en
to **present** zeigen
present *(tense)* das Präsens *(k.P.)*
present *(time)* die Gegenwart
(k.P.) **presently** augenblicklich,
momentan, gegenwärtig
previous vorhergehend, früher
price der Preis (-e)
prize der Preis (-e)

probably wahrscheinlich
problem das Problem (-e)
product das Erzeugnis (-se), das
Produkt (-e)
profession der Beruf (-e)
professional beruflich,
professionell, fachmännisch
professor der Professor (-en), die
Professorin (-nen)
profound tief, tiefgründig, tiefgreifend
project das Projekt (-e), das
Vorhaben (-)
to promise versprechen, versprach,
versprochen
to promote *(to support)* fördern,
unterstützen **promotion** *(support)*
die Förderung *(k.P.),* die
Unterstützung *(k.P.)* **to promote** *(to
increase status)* befördern
promotion die Beförderung (-en)
proper noun der Eigenname (-n)
to propose vorschlagen, anregen
proposal der Vorschlag (-̈e), die
Anregung (-en)
punctuation die Interpunktion, die
Zeichensetzung *(k.P.)*
to put on an·ziehen, zog an,
angezogen

Q

quality die Qualität (-en)
question die Frage (-n) **question
mark** das Fragezeichen (-)
quiet ruhig
to quote zitieren **quotation** das Zitat
(-e) **quotation mark** das
Anführungszeichen (-) **quoted**
angeführt, zitiert, notiert

R

railroad station der Bahnhof (-̈e)
to raise erhöhen
rarely selten
rate der Kurs (e)
to read lesen, las, gelesen **reader**
(person) der Leser (-), die Leserin
(-nen) **reader** *(textbook)* das
Lesebuch (-̈er)
real echt, wirklich, tatsächlich,
eigentlich **reality** die Wirklichkeit

(k.P.) **real estate** die Immobilien (-)
to realize erkennen, begreifen,
bemerken **realization** die
Erkenntnis (-se)
reason *(cause)* der Grund (-̈e) **for
this reason** aus diesem Grund **for
these reasons** aus diesen
Gründen **reason** *(mind)* die
Vernunft *(k.P.)*
receipt *(for money)* die Quittung
(-en) **receipt** *(other)* die
Empfangsbestätigung (-en) **upon
receipt of** nach Empfang *(G)* **to
receive** erhalten, erhielt, erhalten;
bekommen, bekam, bekommen;
empfangen, empfing, empfangen
reception der Empfang (-̈e), die
Aufnahme (-n)
recently neulich, kürzlich, vor kurzem
to recognize wiedererkennen,
erkennen, anerkennen
to recommend empfehlen, empfahl,
empfohlen
recovery *(health)* die Genesung, die
Besserung **get well soon!** gute
Besserung!
to rectify berichtigen, richtigstellen
to reduce *(prices)* (Preise) herunter-/
herabsetzen **to reduce** *(weight)*
ab·nehmen, nahm ab,
abgenommen
reference *(letter)* die Referenz (-en),
das Zeugnis (-se)
to refer to an *(A)* weiter·leiten, auf
(A) verweisen, verwies, verwiesen
refined raffiniert, kultiviert
to refuse ab·lehnen **refusal** die
Ablehnung (-en), die Verweigerung
(-en)
registered *(letter)* eingeschrieben
registration die Einschreibung
(-en)
to regret bedauern
to reimburse entschädigen,
zurück·erstatten, vergüten,
ersetzen
to rejoice sich erfreuen über *(A)*
to remain bleiben **remaining**
restlich, übrig
to remark bemerken **remark** die
Bemerkung (-en)
to remember sich erinnern an *(A)*
remembrance die Erinnerung
(-en)

to **remind of** an *(A)* erinnern
reminder die Mahnung (-en)
to **renew** erneuern, verlängern
renewal die Erneuerung (-en), die
Verlängerung (-en)
to **rent** (ver)mieten **rent** die Miete
(-n)
to **repeat** wiederholen
reply coupon der Antwortschein (-e)
in reply to in Beantwortung *(G)*
to **request** um *(A)* bitten, bat,
gebeten **request** die Bitte (-n)
to **resemble** ähneln; ähnlich sehen;
gleichen, glich, geglichen
to **reserve a room** ein Zimmer
reservieren lassen, ließ, gelassen
without reservation ohne
Vorbehalt
residence, stay der Aufenthalt (-e)
residence permit die
Aufenthaltsgenehmigung (-en)
to **respect** respektieren **respect** die
Achtung *(k.P.)*, der Respekt *(k.P.)*,
die Hinsicht *(k.P.)* **in this respect**
in dieser Hinsicht **respectfully**
respektvoll **respectively**
beziehungsweise
responsibility die Verantwortung
(-en) **responsible** verantwortlich
restriction die Einschränkung
(-en)
résumé, curriculum vitae der
Lebenslauf (¨e)
retail im Einzelhandel verkauft
to **return** *(to go back)* zurück·kehren;
zurück·kommen, kam zurück,
zurückgekommen **to return** *(to
give back)* zurück·geben, gab
zurück, zurückgegeben **to return**
(to send back) zurückschicken,
zurücksenden **return mail** die
Rückpost *(k.P.)*
reunited wiedervereinigt
reunification die
Wiedervereinigung *(k.P.)*
right *(direction, adjective)* recht-
right *(direction, adverb)* rechts
right *(correct)* richtig
to **risk** riskieren **risk** das Risiko
(Risiken)
room das Zimmer (-), der Raum (¨e)
round *(adjective)* rund **round** *(noun)*
die Runde (-n)
rule die (Spiel)Regel (-n)

S

safe sicher **safety** die Sicherheit
(-en) **safety precautions** die
Sicherheitsmaßnahme
sale der Verkauf (¨e) **sales
department/office** die
Verkaufsabteilung (-en)
same selb- **just the same**
trotzdem
sample das Beispiel (-e), die
Kostprobe (-n), das Muster (-)
satisfy befriedigen, zufriedenstellen
satisfied zufrieden
to **search for** suchen nach
season *(year)* die Jahreszeit (-en)
to **see** sehen, sah, gesehen
to **seem** (er)scheinen, vorkommen
to **seize** packen; ergreifen, ergriff,
ergriffen
to **sell** verkaufen
semicolon das Semikolon (-s)
to **send** schicken, übersenden **to
send back** zurück·schicken
sender der Absender (-), die
Absenderin (-nen)
senior executive der Geschäftsleiter
(-), die Geschäftsleiterin (-nen)
sensitive sensibel, empfindsam,
empfindlich **sensitivity** die
Sensibilität, die Empfindsamkeit,
die Empfindlichkeit *(k.P.)*
separate getrennt
service der Dienst (-e), der Service
(-), die Bedienung (-en)
to **settle** regeln **settlement** die
Regelung (-en)
to **share** teilen
she sie
sheet *(paper)* das Blatt (¨er) **sheet**
(bed) das Bettuch (¨er)
to **ship** versenden, versand,
versandt; liefern **shipment** die
Sendung (-en), die Ladung (-en),
die Lieferung (-en) **shipping
company** *(land)* die Transportfirma
(Transportfirmen)
to **shock** schockieren
shop der Laden (¨), das Geschäft
(-e) **to shop, to go shopping**
einkaufen gehen, ging, gegangen
short of cash knapp bei Kasse
shorthand die Kurzschrift *(k.P.)*
to **show** zeigen, aus·stellen

to sign unterschreiben, unterschrieb, unterschrieben **signature** die Unterschrift (-en)

similar ähnlich, gleich

since *(adverb)* seitdem, seither **since** *(preposition)* seit **since** *(conjunction)* seitdem, seit

sincere ehrlich, offen, herzlich, aufgeschlossen **Sincerely (yours),** Mit freundlichen Grüßen,

single (unmarried) ledig

Sir Herr

situation-wanted (ad) das Stellenangebot (-e)

somebody, someone jemand **somebody else, someone else** jemand anders

somehow irgendwie

something etwas **something else** etwas anderes

sometime irgendwann **sometimes** manchmal

somewhere irgendwo, irgendwohin

so much so viel

soon bald

the south der Süden, Süd- **South X** Süd-X **southern** Süd-, südlich **south** südlich

space der Raum *(k.P.)* **outer space** der Weltraum, das Weltall, das All

Spain (das) Spanien **Spaniard** der Spanier (-), die Spanierin (-nen) **Spanish** *(language)* das Spanisch(e) **Spanish** *(adjective)* spanisch

specific spezifisch, genau

speech *(general)* die Rede, die Redekunst **speech** *(specific)* die Rede (-n) **to give a speech** reden, eine Rede halten

to spell schreiben, schrieb, geschrieben; buchstabieren **How do you spell that?** Wie schreibt man das? **spelling** die Rechtschreibung *(k.P.)*

to spend *(money)* aus·geben, gab aus, ausgegeben **to spend** *(time)* verbringen, verbrachte, verbracht

on the spot an Ort und Stelle, auf der Stelle

spouse der Gatte (-n), die Gattin (-nen)

stamp (postage) die Briefmarke (-n) **to stamp** *(letter)* frankieren, stempeln

to state behaupten, sagen

state *(country)* der Staat (-en) **state** *(condition)* der Zustand (ⸯe)

stationary stationär

stationery das Briefpapier

to stop an·halten, hielt an, angehalten; stoppen; beenden **to stop doing s.th.** mit etwas auf·hören

store das Geschäft (-e), der Laden (ⸯ), das Kaufhaus (ⸯer)

stroke der Schlaganfall (ⸯe)

to study lernen, studieren, erforschen **study** das Studium (Studien) **student** *(grade, high school)* der Schüler (-), die Schülerin (-nen) **student** *(university only)* der Student (-en), die Studentin (-nen) **student** *(adult education)* der Kursteilnehmer (-), die Kursteilnehmerin (-nen)

suburb der Vorort (-e)

to succeed erfolgreich sein, Erfolg haben, gelingen **success** der Erfolg (-e)

to suffer erleiden, leiden unter/an *(D)*

to suggest vor·schlagen, schlug vor, vorgeschlagen **suggestion** der Vorschlag (ⸯe)

to be suitable passend, geeignet

sum die Summe (-n), der Betrag (ⸯe)

to support fördern, unterstützen

sure sicher

surprise die Überraschung (-en)

to surround umgeben, einschließen

to suspect verdächtigen **suspicion** der Verdacht *(k.P.)*

syllable die Silbe (-n)

sympathy das Mitleid, das Mitgefühl *(k.P.)*

T

to take nehmen, nahm, genommen **to take back** zurück·nehmen, nahm zurück, zurückgenommen; zurück·bringen, brachte zurück, zurückgebracht **to take pictures** Fotos machen, fotografieren **to**

take place statt·finden, fand statt, stattgefunden

to teach unterrichten **teacher** der Lehrer (-), die Lehrerin (-nen)

technical technisch **technician** der Techniker (-), die Technikerin (-nen)

telegram das Telegramm (-e)

telegraphic telegrafisch

telephone das Telefon (-e) **to telephone** telefonieren; an·rufen, rief an, angerufen **telephone call** der Telefonanruf (-e), das Telefongespräch (-e)

television *(system)* das Fernsehen *(k.P.)* **television set** der Fernseher (-)

to tell erzählen, berichten, sagen, mit·teilen

to terminate auf·hören mit, beenden **termination** das Ende, der Schluß (¨sse)

to thank danken **Thanks!** Danke!

then *(next)* dann **then** *(at that time)* damals

therefore also, deshalb, deswegen

to think denken, dachte, gedacht **thought** *(general),* **thinking** das Denken *(k.P.)* **thought** *(specific)* der Gedanke (-n) **thoughtless** gedankenlos, rücksichtslos

thus so, auf diese Weise

time die Zeit (-en) **a long time** lange **from time to time** von Zeit zu Zeit **in a short time** in kurzer Zeit **this time** diesmal **time limit** die Frist (-en)

title der Titel (-)

together zusammen

tomorrow morgen

on top oben

total balance der Gesamtsaldo (-en)

total cost der Gesamtbetrag (¨e)

tourist der Tourist (-en)

tourist information center das Fremdenverkehrsamt (¨er)

trade der Handel *(k.P.)*

transfer die Überweisung (-en)

translation die Übersetzung (-en) **to translate** übersetzen

to transmit übersenden, übersandte, übersandt; übermitteln

to transport transportieren

treasurer der Schatzmeister (-), die Schatzmeisterin (-nen); der Kassenverwalter (-), die Kassenverwalterin (-nen)

true (genuine) wahr **true (accurate)** getreu **true (faithful)** treu **truth** die Wahrheit (-en)

twice zweimal

type die Art (-en), die Sorte (-n)

to type tippen **typewriter** die Schreibmaschine (-n) **typing** das Maschinenschreiben *(k.P.)*

U

unchanged unverändert

unfortunate unglücklich, bedauerlich **unfortunately** unglücklicherweise, leider

to unite vereinen, vereinigen **united** vereint, vereinigt **union** die Vereinigung (-en)

the United States (USA) die Vereinigten Staaten (USA)

until bis

urgent dringend

us uns, wir

usage der Brauch (¨e)

to use benutzen, gebrauchen **use** die Verwendung, die Benutzung, der Gebrauch *(k.P.)* **useful** nützlich, brauchbar, praktisch

usual gewöhnlich, üblich

V

to vacate räumen; auf·geben, gab auf, aufgegeben

vacation der Urlaub (-e) **summer vacation** die Semesterferien (-)

to vary abändern, variieren

to visit besuchen **visit** der Besuch (-e)

vocabulary der Wortschatz, das Vokabular

W

to walk einen Spaziergang machen **walk** der Spaziergang (¨e)

to want wollen
warehouse das Lagerhaus (¨er)
weather das Wetter *(k.P.)* **good weather** schönes Wetter
wedding die Hochzeit (-en) **wedding anniversary** der Hochzeitstag (-e)
week die Woche (-n) **weekly** wöchentlich **by the week** wochenweise
to welcome willkommen heißen **Welcome!** Willkommen! **You're welcome!** Bitte!
to be well gesund sein
the west der Westen, West- **West X** West-X **western** West-, westlich **west** westlich
what was **whatever** was (auch immer), egal was
which welcher, welche, welches
while während, solange
whole ganz, vollständig
to wish wünschen **wish** der Wunsch (¨e)
withdraw *(money from bank account)* ab·heben, hob ab, abgehoben **withdrawal** die Abhebung (-en)

to work arbeiten **work** die Arbeit **worker** der Arbeiter (-), die Arbeiterin (-nen) **working atmosphere** das Arbeitsklima *(k.P.)* **working hours** die Arbeitszeit (-en)
worldwide weltweit
to worry sich Sorgen machen
to write schreiben, schrieb, geschrieben

Y

year das Jahr (-e) **yearly** jährlich **the new year** das neue Jahr **Happy New Year!** Glückliches Neues Jahr!
your dein(e), euer (eure), Ihr(e) **yours** deine, deiner, deines, eure, eurer, eures, Ihre, Ihrer, Ihres

Z

ZIP Code (USA) die Postleitzahl (-en) (PLZ)

Abkürzungen

Abs. (Absender) return address
Abt. (Abteilung) department
AG (Aktiengesellschaft) stock
company, Inc.
Anm. (Anmerkung) Note
betr. (betreffend) concerning
Betr. (Betreff) re
bez. (bezüglich) reference
Bez. (Bezug) reference
b.w. (bitte wenden) over (AE), p.t.o.
(BE)
bzw. (beziehungsweise)
respectively
Co. (Company) company
u. dgl. (und dergleichen) and such
d.h. (das heißt) that is (i.e.)
di (dienstags) Tuesdays
do (donnerstags) Thursdays
einschl. (einschließlich) incl.
e.V. (eingetragener Verein) not-for-
profit organization
evtl. (eventuell, unter Umständen)
depending, perhaps (*not*
"eventually"!)
Fa. (Firma) company
Fam. (Familie) family
ff. (folgende Seiten) ff. (following
pages)
fr (freitags) Fridays
geb. (geborene, geborener) née

**GmbH (Gesellschaft mit
beschränkter Haftung)** Inc., Ltd.
gez. (gezeichnet) signed
i.A. (im Auftrag) on behalf of[1]
inkl. (inklusive) incl.
i.V. (in Vertretung) on behalf of[2]
Kfz. (Kraftfahrzeug) vehicle
LKW (Lastkraftwagen) truck
lt. (laut) according to
m.E. (meines Erachtens) in my
opinion
mi (mittwochs) Wednesdays
mo (montags) Mondays
n.Chr. (nach Christi Geburt) A.D.
n.u.Z. (nach unserer Zeitrechnung)
A.D.
nachm. (nachmittags) p.m.
Nr. (Nummer) number (no., #)
PKW (Personenkraftwagen) car,
passenger vehicle
PLZ (Postleitzahl) ZIP code
P.S. (Postskriptum, Nachschrift)
P.S.
S. (Seite) page (p.)
sa (samstags, sonnabends)
Saturdays
so (sonntags) Sundays
s.o. (siehe oben) see above
s.S. (siehe Seite) see page
s.u. (siehe unten) see below

---

[1]"Im Auftrag" appears in many German business letters, and refers to a letter
written on somebody else's behalf or under somebody else's direction.

[2]Like "im Auftrag" the expression "in Vertretung" appears in German letters for
someone who acts on another's behalf, except that the person in question is the
other's direct representative or deputy. Anybody can write a letter "i.A.," but
only someone of the rank of a Vice President or Deputy can write a letter "i.V."

Str. (Straße) street (St.)

tel. (telefonisch) by phone

Tel. (Telefon) telephone number

TÜV (Technischer Überwachungsverein) Underwriters' Laboratories (UL)

u. (und) and (&)

U.A.w.g. (um Antwort wird gebeten) r.s.v.p.

usw. (und so weiter) etc.

v.Chr. (vor Christi Geburt) B.C.

v.u.Z. (vor unserer Zeitrechnung) B.C.

vgl. (vergleiche) cf.

vorm. (vormittags) a.m.

z.B. (zum Beispiel) for example (e.g.)

z.H. (zu Händen) Attention (Attn.)

z.T. (zum Teil) partial(ly)

z.Z. (zur Zeit) at the moment

Zi. (Zimmer) room

Literaturhinweise

_____. *Briefe zu Geburt und Taufe. Glückwünsche und Danksagungen.* Niedernhausen/Ts.: Falken-Verlag, 1986.

_____. *Briefe zum Geburtstag, Glückwünsche und Danksagungen.* Niedernhausen/Ts.: Falken-Verlag, 1986.

DUDEN *Briefe gut und richtig schreiben! Ratgeber für richtiges und modernes Schreiben.* Mannheim: Dudenverlag, 1989.

Gladigau, Gerhard & Rainer Breitkreuz. *Gutes Deutsch. Gute Briefe. Eine Schriftverkehrskunde für die Wirtschaft.* 15. Auflage 1981. Braunschweig: Georg Westermann Verlag, 1976.

Fuhrmann, Olaf. *Großes Buch der Glückwünsche.* Niedernhausen/Ts.: Falken-Verlag, 1990.

James, Charles J. *German Verbs and Essentials of Grammar.* Lincolnwood, IL: National Textbook Company, 1985.

Röngen, Rainer. *Briefe zur Hochzeit, Glückwünsche und Danksagungen.* Niedernhausen/Ts.: Falken-Verlag, 1987.

Wahrig, Gerhard, Hrsg. *Wörterbuch der deutschen Sprache.* München: Deutscher Taschenbuch Verlag GmbH, 1978.

Weiss, Erich. *Klett's Modern German and English Dictionary English-German/German-English.* Lincolnwood, IL: National Textbook Company, 1984.

Zaky, Renate. *So schreibt man Liebesbriefe!* München: Humboldt-Taschenbuchverlag, 1980.

NTC GERMAN LANGUAGE TEXTS AND MATERIALS

Computer Software
German Basic Vocabulary Builder on
  Computer

Language Learning Materials
NTC Language Learning Flash Cards
NTC Language Posters
NTC Language Puppets
Language Visuals

Exploratory Language Books
Let's Learn German Coloring Book
German for Beginners
Getting Started in German
Just Enough German
Multilingual Phrase Book

Graded Workbooks
Aufsätze mit Bildern
German Verb Drills
Jetzt schreiben wir
Wir können doch schreiben

Text and Audiocassette Packages
Just Listen 'n Learn German
Just Listen 'n Learn German Plus
Conversational German in 7 Days
Practice & Improve Your German
Practice & Improve Your German Plus
Auf Deutsch, bitte
How to Pronounce German Correctly

Wir Sprechen Deutsch Series
Ich bin Berliner

Ich bin Hamburger
München—Heimliche Hauptstadt

Black-Line and Duplicating Masters
German Verbs and Vocabulary Bingo Games
German Crossword Puzzles
German Word Games for Beginners
The Magazine
Basic Vocabulary Builder
Practical Vocabulary Builder

Puzzle and Word Game Books
Easy German Crossword Puzzles
Easy German Word Games and Puzzles

Teaching Guide
Teaching German: A Practical Guide

Grammar References
Guide to German Idioms
German Verbs and Essentials of Grammar
Nice 'n Easy German Grammar

Bilingual Dictionaries
Klett's Modern German/English Dictionary
Klett's Super-Mini German/English Dictionary
Schöffler-Weis German/English Dictionary
Let's Learn German Picture Dictionary
German Picture Dictionary

Cross-Cultural Awareness
Let's Play Games in German
Songs for the German Class

For further information or a current catalog, write:
National Textbook Company
a division of *NTC Publishing Group*
4255 West Touhy Avenue
Lincolnwood, Illinois 60646-1975 U.S.A.